Joseph Anton Sambuga

Predigt von der Gemeinnützigkeit

Joseph Anton Sambuga

Predigt von der Gemeinnützigkeit

ISBN/EAN: 9783744702430

Hergestellt in Europa, USA, Kanada, Australien, Japan

Cover: Foto ©ninafisch / pixelio.de

Weitere Bücher finden Sie auf **www.hansebooks.com**

Predigt
von der Gemeinnützigkeit
über Sprüchw. 11, 30.

auf das

Fest des heil. Vinzenz
von Paulo

vorgetragen

von J. A. Sambuga

Mitgliede der Kurfürstlichen deutschen Gesellschaft zu
Mannheim, und des Prediger Institutes zu München,
dermaligen Pfarrer zu Herrnsheim ꝛc.

in der Seminariums Kirche zu Heidelberg
im Jahre 1790.

—— ✦ ——

Manuscript.

Wenn je eine Volksrede verdient hat, in eine Sammlung aufgenommen, und zur frohen Theilnehmung redlicher Zeitgenossen, der Nachwelt aber als Denkmal von dem durch wärmste Menschenliebe beseelten Vortrag eines Lehrers aufbehalten zu werden, so ist es gewiß diese gegenwärtige Rede des würdigen Herrn Sambuga, der durch seine gefühlvollen Schriften schon vorhin Freund, Lehrer, Tröster und Wohlthäter vieler Menschen geworden war, und schon gezeiget hat, was ein Mann vermag, der mit dem guten Herzen, mit der starken Seele, mit dem ihm eignen unübertreflichen Fleiße seinen Beruf ehrwürdig zu machen weiß. Die sanfte fromme Stimmung, in die der Herr Verf. durch seinen würdevollen Vortrag, durch seine einfache Sprache, und durch seine offene Herzlichkeit zu setzen weiß, ist so wohl thuend, daß jeder Menschenfreund nichts anders wünschen kann, als daß diese Rede von sehr vielen möge gelesen werden. Ganz entschöpft ist die Materie, hinreißend die Schilderungen, die darinn vorkommen, erwärmend die Sprache, und durchdacht der Gegenstand, der abgehandelt werden sollte. — Die Rede selbst wurde vor einem ansehnlichen Auditorium vorgetragen, und nicht geringe war der Nutzen, den der würdige Redner stiftete. Junge und Alte verschiedener Religion gingen gleich gerührt aus dem Tempel, und nur ein Wunsch war der Wunsch aller: möchten nur immer solche Redner auf unsern Kanzeln erscheinen!! Doch man lese, und erbaue sich selbst . . .   A. d. H.

Text.

Derjenige ist weise, welcher Seelen gewinnet. Sprüchw. 11, 30. —

Eingang.

Die Gemeinnützigkeit, ehrwürdige Versamm-
lung! ist der einzige zuverläßige Prüfungsstein
der wahren Tugend. Da Gott uns mit einander verbunden, und zum gesellschaftlichen
Leben bestimmt hat: so war seine Absicht,
daß jeder Mensch durch seinen Einfluß auf
die Menschheit das werde, was er sein soll.
Der lehrreiche und wichtige Gedanke entfiel
Gott in dem Augenblicke seiner Bildung des
ersten Menschen: es ist nicht gut, daß der
Mensch allein sei! *) Gleichsam als habe

A 2　　　er

---

*) 1 Buch Mos. 1 c.

er sagen wollen: Auser der Gesellschaft würde der Mensch niemal seiner selbst würdig werden. Seine Gaben und Kräfte sind für die Gesellschaft: und ich würde seiner ganzen Grundlage eine schiefe Richtung geben, wenn nicht die Gemeinnützigkeit seine Bestimmung würde.

Gewiß: der Mensch würde ohne Wirkung auf die Gesellschaft niemal das werden, was er werden kann und soll. Die ganze Würde des Menschen besteht in dem richtigen Verhältnisse gegen seine Mitmenschen. a) Gerechtig-

---

a) Sehr wohl stellt der würdige Herr Verfasser den richtigen Grundsatz auf: daß nur in Gesellschaft wahre nützliche Tugend bestehen und reifen könne, wie aus dem Begriffe: Tugend, gar wohl abzunehmen ist. Und wollte man auch strenge Einsamkeit gebiethen, die zwar im Evangelium nie für immer, wohl aber für eine Zeitlang gebothen wird, so könnte bles nur für jene Gattung Menschen sein, die ferner der Gesellschaft zu nützen untauglich wäre. Einsamkeit, aber nicht beständige

tigkeit, Weisheit, Klugheit, Wahrheit, Treue,
Liebe, u. f. w. bilden sich nur im Kreise der
Menschengesellschaft. Seelen, welche nur für
sich leben, und deren ganze Thätigkeit nur sich
zum Zwecke hat, können niemal wahre tugendhafte werden: denn Tugend ist Vervoll-
kommnung seiner selbst durch die Beförderung des allgemeinen Besten.

Seelen gewinnen, welches der Ausdruck
meines Vorspruches ist, heißt nichts anders,
A 3 als

---

bige, bat wohl große Vortheile, immerwährende
aber grose Nachtheile. Zu finden ist sie überall;
ob Felsen, Klüfte, und Einöden die wahren Orte
sein, wo sie wohnt, ist sehr zweifelhaft. — Ueber
Vortheile und Nachtheile der Einsamkeit mag nachgelesen werden das Zimmermänn'sche Werk
über Einsamkeit. Vortheile derselben finden
sich bei Zollikofer Predigt über die Würde
des Menschen. 2ter B. — Item verdient hierüber nachgelesen zu werden Danzers Moral 3ter
Th. §. 316. — Döderlein's kristliche Sittenlehre §. 271. ic.
A. d. H.

als gemeinnütz'g fein. Seelen gewinnen heißt:
durch Wahrheiten auf die Geister wirken, welche
der edelste Theil unserer bekannten Schöpfung
sind. Seelen gewinnen heißt: die gesetzwidrig-
en Regungen tödten, welche die auf Unkosten
der Vernunft herrschende Sinnlichkeit belebet.
Es heißt: durch Lehren und Beispiele den an-
gemessenen Ton des Lebens in sie bringen; sie
den Absichten ihres Daseins gemäß bilden; ihnen Gefühl für das wahre und gute einflösen,
die Tugend zum Hauptgeschäfte ihres Lebens
machen. Es heißt: ihnen den Nachtheil jeder
Thorheit zeigen; sie von Verirrungen zurück-
führen, und den falschen Schimmer von den
Gegenständen nehmen, der ihr schwaches Aug
geblendet hat. Kurz: Seelen gewinnen heißt:
durch eine tugendhafte Einwirkung auf die
Welt das allgemeine Beste befördern: — sich
gemeinnützig machen.

Und darin, meine Lieben! besteht die wahre
Weisheit: weil eben dieses Streben andern
nützlich zu werden, uns selbst veredelt, und
unserm Leben jenen Werth, und jene Wirkung
ertheil-

ertheilet, welche es nach den Absichten des
Schöpfers haben, und hervorbringen soll.

Wir feiern an diesem Tage das Jahrge-
dächtniß eines Solchen auf das Wohl der
Menschheit hinwirkenden Mannes, der es ein-
sah, worin die wahre Tugend bestehe, und
der sie auch fand, indem er sich gemeinnützig
machte. Der heilige Vinzenz von Paulo
war der ehrwürdige tugendhafte, der die
Menschheit schätzte; von der Pflicht eines
jeden Menschen überzeugt war, sich diesem
großen Körper nützlich zu machen; durch Wahrheiten auf die Gesinnungen seiner Zeitgenossen
wirkete, sie die Tugend schätzen lehrete, und
sein Alter um manche Stufe in derselben höher rückete. Der heil. Vinzenz, sage ich,
war der gemeinnützige Mann, der sich darin
als einen wahren weissen und tugendhaften
zeigete, daß er sein Leben zum Besten der
Menschheit verwendete, und Seelen gewann.
Derjenige ist weise, der Seelen gewinnet.

Lassen Sie es uns nicht beschwerlich fallen vor dem Bilde dieses wahren Weisen, und

ganz

ganz nach dem Sinne des Evangeliums heiligen, einige Augenblicke zu verweilen, um zu
sehen, wie er dem Berufe aller Menschen auf
eine so ausgezeichnete Weise getreu bleibt;
wie er als ein einzeles Glied der Menschheit
nicht für sich lebet, nicht für sich wirket;
sondern für seine Mitglieder; wie er seine Kräfte
zum Besten des ganzen Körpers verwendet,
und sich dadurch gemeinnützig machet. Laſſen
Sie uns die Auszüge aus seinem Leben in
Grundsätze verwandeln, und sie verhältnismä-
ſig auf unser Leben anwenden. Oder vielmehr: laſſen Sie uns sein Leben nach den ge-
wiſſeſten Grundsätzen der Sittlichkeit prüfen,
um seine wahre Heiligkeit kennen zu lernen,
und uns dadurch zu ermuntern nach ebendenselben Grundsätzen zu handeln.

I. Theil.

Es läßt sich keine Gemeinnützigkeit eines
Menschen gedenken, ohne daß man sich jemand-
en vorstelle, welcher genau mit dem Zwecke
bekannt ist, welchen die Menschheit erreichen
soll,

soll, und der sich ein Anliegen daraus machet, sie dahin zu führen. Das Hinleiten der Menschheit zu ihrer Bestimmung, das Mithelfen, Mitsorgen, Miteingreiffen, damit das vorgesteckte Ziel erreichet werde; das Erleichtern der Beschwernisse, welche aufstosen; das Ermuntern auf dem für schwächere Seelen oft ermüdenden Wege zur Tugend: dieses alles nennt man Gemeinnützigkeit.

Dieser Begriff, welchen wir uns von der Gemeinnützigkeit machen, zeiget uns schon, daß ein gewisser Unterricht dazu erfodert werde, um gemeinnützig sein zu können. Menschen, die den Werth ihrer Mitmenschen nicht kennen, die sich nie etwas von einem allgemeinen Zwecke gedacht haben, die nur die Sinnenwelt locket; nur die Sinnlichkeit reizet; und nur in das sichtbare einen Werth setzen: die nur sich zu leben für Weisheit halten; nur sich zu suchen gewohnt sind; welche die Welt und ihre Güter als den letzten Grund ihres Daseyns ansehen: solche Menschen sind weit entfernt,

A 5   einen

einen so wesentlichen Theil ihres Berufs erfüllen zu können.   Es ist darum ein dring-
endes Bedürfnis, daß man sowohl mit der
Bestimmung bekannt sei, welche der Menschheit von ihrem großen Urheber gegeben ist:
als auch mit den Mitteln, welche die Erreichung derselben begünstigen.   Man muß die
Neigungen und Gesuche der Menschen kennen,
um die mäßigen in Bewegung zu setzen; die
unregelmäßigen zu ordnen, die vortheilhaften
zu benützen. Man muß wissen, wodurch sie
gewonnen, angetrieben, zurückgehalten werden;
man muß sogar die Geschicklichkeit besitzen, sich
oft ihrer Schwachheiten zu ihrem Besten zu be-
dienen. — Und wer besitzet diese unentbehrlich-
en Eigenschaften, ohne daß sie durch Unterricht in seinen Geist geleget worden sein?

Diese vorläufige Wahrheit zeiget dir schon,
schätzbare academische Jugend! wie glücklich du dich zu schätzen habest, daß du durch die
wohlthätigsten Bemühungen deiner Lehrer zu
einer der ersten Menschenpflichten vorzüglich
ge-

geſchickt gemacht werdeſt b). Alle Menſchen,
in welcher Lage, in welchen Umſtänden ſie ſich
auch befinden, können ſich der Menſchheit nützlich machen, und ſind auch dazu verbunden:
aber nur jene können einen ausgebreitetern Nutz-
en verſchaffen, welche ſich durch höhere Kennt-
niſſe über den gemeinen Schlag der Menſchen
erheben, und durch einen Vorrath von Weisheit

---

b) Welch menſchenfreundlicher Wunſch des vereh-
rungswürdigen Redners. Darum ſollten Academien ſein, um beſſere Menſchen zu ziehen, als
der gemeine Haufen iſt, darum erwarten Eltern,
Vormünder, Pfleger, Vaterland eine ganz be-
ſondere Abwartung, und wo findet man ſie ſo,
wie ſie ſein ſollte? — Iſt nicht die hohe Schule
für Jünglinge oft das Grab der feinen Lebensart,
der guten Sitten, der Religion? O daß es nicht
wäre! Belege hierüber finden ſich in Salz-
mann's Karl von Karlsberg, wo zwar alles
Elend zuſammengetragen iſt, wo aber auch dieſe
Wahrheiten rückſichtlich der Academien wohl be-
herzіget zu werden verdienen.   A. d. H.

heit in den Stand gesetzt sind, andern mitzutheilen. Die ganze Zweckmäsigkeit deiner gegenwärtigen Arbeit, und die Reifung der angenehmen Früchte der unbelohnbaren Bemühung-
en beiner verehrungswürdigsten Lehrer hang-
et davon ab, daß du von den frühesten Jahr-
en an diesen Gesichtspunkt wohl fassest, aus
welchem du die Menschen zu betrachten hast,
und dich immer darnach richtest.

Glauben wir nicht, M. Z.! daß der an-
bethungswürdige Urheber des Weltalls das
Heil seiner Schöpfung dem zufälligen Zusam-
mentreffen der Umstände überlasse. Er, der
die leichten Abirrungen der Menschen von ihrem
Zwecke am besten kennet, verläßt sich nicht
immer auf den ursprünglichen Beruf, welchen
er den Menschen gegeben hat: sondern behielt
es sich vor durch seine besondern Einwirkungen ihrer Unzuverläßigkeit eine festere Richtung
zu geben, und nach der Bedürfnis der Zeit
hie und da glücklichere und vorzüglichere Diener seiner schöpferischen Absichten herauszusuch-
en. Seine Vorsehung, die in den ältern

Zei-

Zeiten Propheten begeisterte, Lehrer der Menschheit erweckte, Gesetzgeber bildete, Helden mit Liebe zum allgemeinen Besten erfüllete, wieget auch noch in unsern Tagen die Bedürfnisse der Welt ab, und stellet noch von einzelnen Tugenden besondere grose Muster und Beispiele auf. Gott selbst, sage ich, führet uns in den Tagen unserer Kindheit, wo unsere Unternehmungen mehr seine Leitung als unsere freie Wahl sind, auf die Bahne, und bringet uns in Verhältnisse, in welchen wir zu tauglichen Werkzeugen seiner grosen Absichten heranwachsen. Glücklich ist der Mensch, welcher nicht durch eine verkehrte Einwirkung der Welt auf sich, oder durch ein widerspenstiges Herz von diesem Wege abgeführet wird! Er wird seinen Werth und Ruhm in der Beglückung der Menschen finden.

So scheint auch die Vorsehung den noch kleinen Vinzenz in die Lage versetzet zu haben, in welcher er sich vollkommen tauglich machen konnte, einstens ein ausgezeichneter Wohlthäter der Menschheit zu werden. Sie füh-

führete ihn auf den Weg der Kenntnisse, und
der Weisheit, damit er durch Lehre und Unterricht die Herzen von vielen bessere. Eine
lehrbegierige Seele, ein gutes Herz, ein un-
schuldvolles Betragen waren seinen frommen
Eltern der Beweggrund ihn den Wissenschaft-
en zu widmen. Hier legete die Vorsehung
die ersten Keime des Guten in das Herz des
Knaben, welches in ihm reifen, und dann
eine beglückende Aussaat für die Welt werden
sollte. Mit was für einem unausdrückbaren
Vergnügen stößt man auf die väterliche Sorgfalt
Gottes, der eine hoffnungsvolle Jugend vor
unsern Augen aufwachsen läßt, welche einstens
das Zutrauen der Welt, die Liebe ihrer Mitbürger werden kann, welcher das Reich der Wahrheit vielleicht einen weiten Umfang, eine glücklichere Bearbeitung zu verdanken haben wird,
und die vielleicht den Geist der Menschen in
seinen Begriffen, Kenntnissen, Fertigkeiten,
Gesinnungen erhöhen, und um viele Stufen
fortrücken wird! Man beneidet die Nachwelt
um ihre gerechnete Einwirkung, und mögte
selbst

selbst der Zeuge des Einflusses in ihr Zeitalter,
durch Weisheit, Wahrheit und Liebe sein.

Einen für die Menschheit soviel versprech-
enden Jüngling stelle ich mir an Vinzenzen
vor. Mit unaufhaltsamem Eifer drang er in
verschiednen Kenntnissen vor, die seinem Alter
angemessen waren. Er sog mit seltener Begierde die Wahrheiten ein, wie die Pflanze den
Morgenthau, womit sie der Himmel begießet,
und bracht' es in dem engen Zeitraume von
vier Jahren so weit, daß er sich schon gemein-
nüßig machen konnte, und ein Lehramt bei klein-
en Kindern übernahm. Nein: wir verkenn-
en hier die Dazwischenkunft der Vorsehung
nicht. Der Jüngling, dessen reiferes Leben Unterricht zur Beförderung des allgemeinen Best-
en sein sollte, wurde früh in seine Laufbahne
eingeleitet, welche täglich glänzender werden
mußte: damit er sich frühzeitig in der Geduld
übete, Begriffe zu entwickeln, Kenntnisse mitzutheilen, Wahrheiten an das Herz zu legen.
Der thätige Jüngling rückete seinem Berufe
näher, indem er sich einer Wissenschaft widmete,

mete, welche wegen ihrem Einflusse auf den
Geist und die Gesinnungen der Menschen den
entscheidensten Antheil an dem allgemeinen Men-
schenwohle hat, ich will sagen: die Liebe zum
allgemeinen Besten stimmete ihn für die Gott-
esgelehrtheit. Es gibt keinen feurigern Antrieb zur Thätigkeit, als ein erhabner Zweck
seiner Arbeit. Die Begierde sich durch den Priest-
erstand und das Lehramt nützlich zu machen,
belebete seinen Fleiß. Die academische Ehre,
welcher er würdig geachtet wurde, und womit
er seine Lehrjahre krönete, ist ein Beweis seines durch Fleiß erkauften Verdienstes, und
seiner Ausbildung. Seine reine Absicht gab
seiner unermüdeten Verwendung und seiner Bestimmung ihren Werth. Er widmete sich dieser Wissenschaft nicht, als einem Mittel sich
zu versorgen; er betrat diese Laufbahne nicht,
als einen Weg, worauf man Brod findet,
und wenigstens damals auch Ehre errang.
Nur niedere Seelen suchen sich in ihrem Berufe:
edlere Gemüther suchen in ihrem Berufe den

Dienst,

Dienſt, welchen ſie der Menſchheit leiſten
können. c.)

Ich

---

c) So ſollte es ſein, wird hier mancher edeldenkende ausrufen. Aber welcher Kontraſt in dem Dienſtſuchen unſers Zeitalters! Wenn man nur ein Amt, ein Brod, eine Bedienung hat, ob man die Fähigkeiten, die der Dienſt fodert, beſitzt, oder nicht, darnach fragen nur gemeine Seelen. Doch die Folgen ſind die traurigſten, und unſer Jahrzehend liefert hierüber Belege, die nach Jahrhunderten noch ſichtbar ſein werden. Pferde, die den Haber verdienen, bekommen ihn nicht, iſt ein Sprüchwort, das unſers Erachtens nie mehr wahr wurde, als in unſern Tagen. Männer von den ſchönſten Talenten müſſen bei der Laſt ihrer Geſchäfte darben, indeß andere bei Nichtsthun die Beſoldungen verpraſſen. Männer mit dem beſten Willen und Herzen müſſen nothgedrungen den Weg der Ehrlichkeit verlaſſen, und zu unerlaubten Sporteln ihre Zuflucht nehmen. Prius eſt vivere, deinde philoſophari. — Zu wünſchen wäre, daß der verdienteſte, der ehrlichſte verſorgt würde. Als Vater Hallo von ſeinem

B   Für-

Ich stelle mir ihn vor, wie er mittels dieser Wissenschaft seine ganze Seele mit Gott füllet, aus dem alle Weisheit für die Belehrung
und Bildung der Menschheit quillt, wie er diese
Urvollkommenheit allenthalben aufsuchet; seiner Handlungsweise nachspüret, um nach der
Weisung des Gottes Sohnes vollkommen zu
werden, wie der Vater; wie er die Weisheit
Jesu zu der seinigen machet, um dadurch den
Weltgeist zu beschämen, der die Menschen ver-
führet; wie er die Geheimnisse des Heils zu ge-
brau-

Fürsten beauftraget wurde, seinen Nachfolger zu
bestimmen, antwortete er folgendermaßen: „Wenn
„dann aber nur einer gewählt werden kann, und
„die Ehrfurcht mir gebeut, das mir aufgetragene
„Wahlgeschäft zu verrichten, so sei dieser Wil-
„helmi mein Nachfolger im Amte. Er ist zwar
„ohne Geschlecht, und ohne hohes Alter; aber —
„dafür ist er der arbeitsamste, der kraftvollste,
„der redlichste. Aus diesen Gründen werde er
„mein Nachfolger." Hallo's glücklicher Abend
1er Th. S. 18.

                                          A. d. H.

brauchen lernet, um diese gesegneten Tugend-
mittel mit reichem Nutzen anzuwenden; wie
er die ganze Liebenswürdigkeit Jesu sich eigen
zu machen suchet, um jene zu gewinnen, den-
en derselbe Aergerniß, oder wenigstens Thorheit ist; wie er für die Tugend seine ganze
Vorliebe gewinnet, damit er nur einen Will-
en, die Tugend, habe, um tauglich zu sein,
seinen Brüdern ebendieselbe Gesinnung einzuflößen. Lassen wir uns dieses nicht nur als
hinzugedacht scheinen, weil es uns fremde ist:
sein nachfolgendes Leben berechtiget mich es
von ihm zu sagen. — Warum steht der Geist der
Menschen nicht auch noch in unsern Tagen
d einen Einwirkungen so offen, mein Gott! wie
wir es mit billigem Staunen an Vinzenzen
finden? Warum waren die Menschen in den
Zeiten, die wir als finster und unaufgeklärt
bezeichnen, so gelehrig so aufgelegt für das
Gute, so geistig in ihren Gesuchen, dem Zwecke
so getreu, und immer entgegengekehrt, den du
der Menschheit stecktest: und wir bei unsrer
gerühmten Weisheit so ungeistig, so beherrschet

von der übermächtigen Sinnlichkeit, so selbst-
süchtig in unsern Entschliesungen, unserer wahr-
en Bestimmung so unkundig? Möchte doch die
itzt lebende Welt das Gute der Vorzeit beibe-
halten, und es durch neu erworbene Einsichten vermehren. d)

Auf

---

d) Sehr wahr ist das, was der würdige Redner
von den mittlern Zeiten verglichen mit unserm
aufgeklärten spricht. Nicht zu verkennen sind die
Vorzüge unserer Tage, aber auch nicht zu läug-
nen grose herrschende Fehler. Doch wahre Aufklärung hat daran keine Schuld. Hirüber verdient
nachgelesen zu werden Kaibels Predigt über die
herrschenden Sünden unseres Vaterlandes (Mannheim 1793.) Einige Stellen bestättigen das obige
zu sehr, um nicht wörtlich angeführt zu werden.
Und gewiß gehört Herr Kaibel nicht zu den
Jeremiasen unsers Jahrhunderts, die überall
zu klagen finden. S. 30. heißt es: „Es ist
„wahr, es findet sich in allen Ständen unsers
„Vaterlandes weniger Rohheit, als in den vor-
„igen Zeiten — weniger Härte und Grausamkeit
„als

Auf dieſe nachahmungswürdige Weiſe be-
ſähigte Vinzenz ſich zu dem Geſchäfte, daß

B 3   ſei-

„ als uns die ältere Geſchichte zum Abſcheue dar-
„ biethet.   Ob uns gleich die neueſten Begeben-
„ heiten leider! traurig genug zeigen, daß die
„ Barbarei auch unter den geſitteteſten Völkern
„ noch zu Hauſe ſei; müſſen wir es doch beken-
„ en: unſere Sitten ſind feiner und milder ge-
„ worden.   Es findet ſich im Durchſchnitte ge-
„ nommen, ein durch ſchöne Lectüre gebildeter Ge-
„ ſchmack; mehr Offenheit und Empfänglichkeit für
„ die ſanftern Eindrücke der Menſchenfreuden. Aber
„ anſtatt auf dieſen Vorzug ſtolz zu ſein, muß
„ der ächte Menſchenfreund tief trauern, über
„ die durch dieſe ſo oft geprieſene Verfeinerung
„ begünſtigte Tirannei der Weichlichkeit und Wol-
„ luſt.   Unſere Jünglinge, die Kraft und Hof-
„ nung des Landes, ſchmachten träge und un-
„ thätig in den Feſſeln dieſer Verderberin; eilen
„ an ihrem Gängelbande von einer Luſtbarkeit
„ zu der andern, wo ſie ihnen ihre vergiftete
„ Nahrung verſpricht, fliehen jedes Geſchäft, das

„ An-

feinem für das Menschenheil ganz begeiſterten
Herzen ſo angemeſſen war. Gott, der mit
väter-

„ Anſtrengung fodert, jede Vorbereitung zum künft=
„ igen Nüßlich werden: indeſſen ſie den Geiſt
„ ſchwächen, und den Körper entnerven, um auf
„ zeitlebens unbrauchbar zu bleiben. Verführung
„ lauert auf der Straſe, und in dem Zirkel der
„ geſelligen Freude, auf die tugendhafte uner=
„ fahrne Tochter; unbewacht fällt ſie in das Netz
„ ſchamloſer Räuber. — Hin iſt ihre Unſchuld
„ eine Beute des lachenden Muthwills, und ge=
„ heime Thränen tilgen die Schmach nicht! —
„ Der Verbrecher iſt vor öffentlicher Schande ge=
„ ſichert, und ſein Frevel heißt ſeine Lebensart.“ —
Auf der 42 S. fährt Herr Kaibel folgender maſen
fort, nachdem er das Gute unſerer Zeit in Rück=
ſicht der Religion geſchildert hat: „ So ſehr ich
„ Gott dafür danke, daß ich in einem Zeitalter
„ lebe, von welchem ſo viel Gutes gerühmt werd=
„ en darf: ſo wehmüthig ſehe ich auf die trau=
„ rigen Beweiſe der Nichtachtaug dieſer Vorzüge
„ hin, deren ſich ein groſer Theil meiner Zeit=
„ genoſ=

väterlicher Zärtlichkeit für das Wohl seiner
Kinder sorget, wird ihn zum Werkzeuge der
$\mathfrak{H}$ 4 Ver-

„genossen schuldig macht — desto sträflicher, je
„reiner und liebevoller ihnen die himmlische
„Freundinn ruft, in ihrer Führung Ruhe für
„ihre Seelen zu finden. Es ist wahr, das Evan-
„gelium hat von jeher Widerspruch erfahren müss-
„en: aber so weit ging's doch nie, daß man,
„wie jetzt geschieht, die wichtigsten und einleucht-
„endsten Wahrheiten, ich will nicht sagen der
„Bibel, sondern selbst der natürlichen Religion,
„mit einer Unverschämtheit verlachet, die gewiß
„ihres Gleichen nie gehabt hat. Nicht davon
„zu reden, daß es manche für Weisheit halten,
„klein und verächtlich von dem großen Menschen-
„freunde, von Jesus und seinen preiswürdigst-
„en Verdiensten zu denken; das Wort von sein-
„em Kreuze, von seiner grosmüthigen Selbst-
„aufopferung für Wahrheit und Menschenglück-
„seligkeit, für Aergerniß und Thorheit zu erklären:
„— Nein! man höhnet den frommen Glauben
„an Gott, man lachet mit einer Dreistigkeit,
die

Vervollkommenung seiner Brüder gebrauchen.
Er wird ihn zum Priesterthume seines Sohnes
führ-

„die an Raserei gränzet — über den Glauben an
„Fürsehung und Unsterblichkeit. Zum Himmel wei=
„nen, wenn Stürme wüthen, und des Herrn
„Hilfe harren; wenn Noth das Herz presset —
„heißt unsern starken Geistern Einfalt. An dem
„Grabe des geliebten, des Wiedersehens, des
„Wiederumarmens Hofnung nähren, und aus der
„Freude der Unsterblichen, Trost schöpfen — heißt
„pöbelhaft. Der Mensch bedarf keines Gottes
„mehr. Er kann sich selbst leiten. Er schimpfet
„auf seine Gottesverwandtschaft, und dünket sich
„weise nach dem Maßstabe seiner eignen Selbster=
„kenntnis gefunden zu haben, daß er in seinenTrieb=
„en und Schicksalen, dem Viehe gleich sei. Vor=
„mals trugen doch die Anhänger des Unglaubens
„Bedenken, ihr Gift öffentlich auszuspeien — weil
„ihnen allgemeine Verachtung dräute. Aber izt
„suchen und finden die größten Thoren und Narr=
„en bei ihrem Widerspruche gegen das allge=
„meine Zeugnis der Natur, Ehre — in voll=
„ reich=

führen, damit er aus Berufe und Sendung
arbeite. Er wird ihm für seinen Geist einen

B 5   Geg-

„reichen Versammlungen; und verachten den, der
„ihnen widerspricht. Vormals lachte man über
„den Glauben an Gott, und an eine göttliche Ver=
„geltung, etwa nur an lasterhaften Höfen, und
„in den Zusammenkünften lichtscheuer Verächter
„der Zucht und Ordnung. Aber izt, izt! sind
„selbst die Wohnungen der zum Fleiße und zur
„ehrlichen Thätigkeit berufenen Bürger und Lands=
„leute von der Pest des Unglaubens angesteckt.
„Man füllet Geist und Herz mit verderblichen
„Grundsäzen und Gesinnungen an — indem man
„über dem Lesen schlechter unnüzen Zeitschriften,
„zugleich die edle Zeit, und die wohlthätige Be=
„rufspflicht verdirbt und versäumet. — Sehet hier
„die herrschenden Sünden unsers Vaterlandes!
„Sehet hier die schrecklichen Feinde unserer Wohl=
„fart, die wir uns seit mehr als einem Jahrhund=
„erte aus dem Reiche geholet haben, welches in
„unsern Tagen, nachdem in seiner Mitte alle
„Bande der Ordnung aufgelöset sind — unserm

ganz-

Gegenſtand der Sorgfalt, für ſeinen Eifer ein
Feld der Bearbeitung anweiſen. Vinzenz wird
Prieſter; das heißt: er erhält den Beruf jener
guten Männer, welche Jeſus vom Netze ge-
ruffen, und in die Welt geſendet hat, um ſich
ganz dem Dienſte ihrer Brüder durch Lehre und
Unterricht zu widmen; den Beruf, die Zahl
des ſittlichen Uebels unter den Menſchen zu ver-
mindern, und das Wachsthum des guten zu
befördern; den Beruf die Stärkung der leidenden, die Weisheit der unbelehrten, das Aug
des blinden, der Fus des lahmen, der Vater
der armen zu ſein. Vinzenz fühlet die Erhabenheit dieſes Berufes, das mit den Wünſch-

en

„ ganzen Welttheile Ruhe und Wohlſtand zu raub=
„en drohet.‟ Dieſes und noch mehreres über dieſem
Gegenſtand unterſchreiben wir ſehr gerne, als aus=
gemachte Wahrheit, wünſchten dagegen von unſ=
rer Seite recht herzlich, daß unſ.re aufgeklärte
Zeiten auch allgemeine beſſere Sitten bewirken
möchten, welches zu bewirken am meiſten die
Pflicht des Religionslehrers iſt.   A. d. H.

en feiner Seele übereinstimmende, welches darinn lieget : und er mag im Kreise seiner Schüler stehen, oder das Geschäft der Religion ver-
walten; im Lande der kristlichen Freiheit un-
gebunden das Wort Gottes vortragen, oder in
der Gewalt der ungläubigen die Sklavenketten
tragen : so behält er ebendenselben Gesichtspunkt— Heil der Seelen, Besserung der Mensch-
en; Gemeinnützigkeit. — — Du, o wildes
Tunis! das du ihm Sklavenketten anlegetest
erfuhrest selbst an deinem frommen Gefangen-
en, daß der Geist eines Tugendhaften auch
in den Ketten zum Heile wirket. Mit der köst-
lichen Beute einer Seele kehret Vinzenz in
sein Vaterland zurück, welche nachtheiliger von
Lastern gebunden war, als er dem Leibe nach
durch Ketten.

Sehen sie, m. L.! dieses nur als Vorübung-
en der künftigen Thätigkeit für das Seelenheil
an. Grose Seelen sättigen ihren Seelenhung-
er niemal mit dem ersten Verkosten. Mit dem
Genusse wächst die Begierde nach dem Mensch-
enwohle. Wo kleine Geister Ruhe wünschen,
sehn-

sehnen sie sich nach Arbeit. Die Beweggründe
der Religion; die reife Erndte vor dem Ange-
sichte; der Segen ihrer Arbeit wirken zu mächtig auf sie, als daß sie ihr Leben, welches
durch tausend Triebfedern zum wirken gedräng-
et wird, in Unthätigkeit dahin schlummern
könnten. Sie wissen, daß kein Mensch sich selbst
leben dürfe, sondern, daß alle Diener der gros-
en Absicht Gottes sein müssen: die Welt durch
sich selbst zu beglücken. Mit dem besten Willen
und vieler Freude nimmt darum Vinzenz eine
Pfarrverwaltung auf sich, ich will sagen,
eine Stelle, deren Verwalter nach der Sprache
des Evangeliums einem Hirten gleichet, der
gute und böse; gesunde und kranke Schafe
bei seiner Heerde findet. Dessen Beruf es
ist die guten durch die befrommende Lehre Jesu
in der Unschuld ihres Herzens zu erhalten; in
den bösen aber durch den umschaffenden Geist
derselben menschenwürdigere Gesinnungen her-
vorzubringen, und in den kranken eine genesende
Lebenskraft zu wecken. Der sich jedem Alter, jedem Stande nützlich machen soll: und

der

der bald lehren, bald anführen, bald ermahnen, bald bitten, bald ermuntern, bald zurückhalten, bald strafen, bald schonen muß, um allen zu nützen. Der weder den reichen schmeicheln, noch die armen verachten, weder vor mächtigen kriechen, noch die geringen mit Sprödigkeit behandeln: sondern alle in einem vom Geiste Jesu durchdrungenen Herzen mit gleicher Liebe umfassen soll. Der auch jene, welche fehlen, und sich verirret haben, noch lieben muß, und dessen schätzbarster Gewinn darinn besteht sie wieder zu finden, und sie mit neuer Folgsamkeit an die Heerde der Tugendfreunde zu schliesen. Kurz: den Beruf eines Mannes, der vom Wohlthun lebet; und der den Tag für verlohren hält, wo er niemanden beglücket hat. e)

Eine

c) Welch herrliche Skizze einer Pastorallehre. Möchten doch alle, die das wichtige Amt einer Pfarrei suchen, vom nemlichen Geiste beseelet sein, womit Vinzenz beseelet war, wie wenige würden über Langeweile, über Mangel an Geschäften, über üble vater-

Eine solche Stelle übernahm Vinzenz. Wie glücklich war die Gemeinde unter den Augen eines solchen Hirten; unter der Verwaltung eines solchen Priesters! Hie in dieser heiligen Bestimmung entwickelte sich ganz der in ihm verborgene Geist Jesu; er machte sich zum gemeinschaftlichen Gute seiner Gemeinde, wie Jesus für die Welt, und lebte ganz für sie. Das Seelenheil derselben war der Zweck aller seiner Bemühungen. Väterliche Liebe, erweckende Ermahnungen, bildende Lehren, nachziehende Bei-

---

vaterländische Einrichtung zu klagen haben. Weit mehr könnte auch unsers Erachtens durch festes Zusammenhalten gewirket werden, als durch heimliches flistern und planenmachen.

Ueber wahre nützliche Beschäftigung unserer katholischen Geistlichkeit finden sich gar schöne Vorschläge in dem bekannten Werke: Heurlstick; oder über den Geist des Priesterthums. (Leipzig 1794.) Nebst vielen schönen, das darina vorkömmt, verdienet gewiß eine der ersten Beherzigungen, die Art und Weise unsere Geistlichkeit nützlich zu beschäftigen.

A. d. H.

Beispiele, Vorleuchtung in der Lebensun-
schuld, fester unwandelbarer Gang zum guten,
weisheitsvolle Einfalt waren die Mittel, wodurch er in den Gemüthern Tugend gründete.
Jesus war die ganze Weisheit, die er predigte; Gott der einzige Zweck, auf den er alles
zurückführete; stäte Annäherung zu Gott, der
Urquelle aller Vollkommenheit war seine Ermahnung. Er trug alle in seinem Herzen als
theure Unterpfänder, die Gott seiner Bewah-
rung anvertrauet habe. Niemand aus allen,
die ihm angehörten, war ihm gleichgültig, niemand lästig, niemand unbemerkt, niemand seiner Einwirkung entzogen. Sein Eifer durch-
wärmte seine ganze Gemeinde, wie die Sonne
den Welttheil, über welchem sie schwebet. Alles
erwachte zum neuen Leben. Die Bearbeitung
seiner selbst wurde das allgemeine Anliegen;
Tugend die herrschende Gesinnung. Nichts lag
ausser dem Wirkungskreise seiner Sorge. Kein
Umstand blieb ihm unbemerkt, keine Gelegen-
heit unbenüzt, kein Vorfall ausser acht gesetz-
et, der zur Besserung oder Veredlung seiner
Kind-

Kinder beitragen konnte. Er bediente sich auch
der unbedeutendsten Anlässe als eben so vieler
Gelegenheiten den Grund zu irgend etwas gut-
em zu legen. Liebe zur Tugend wegen Gott
war der allgemeine Geist, der in allen Herzen
wirkete. Hie war alles Uebereinstimmung, alles
Ordnung. Seine Sanftmuth hinderte die
nöthige Vatersstrenge nicht; seine Liebe unter-
schlug ihm nicht die herrschenden Fehler seiner
Kinder. Seine Milde war nicht Kraftlosig-
keit; seine Festigkeit war nicht Härte; seine
Frömmigkeit war nicht Gewissensqual; seine
Weisheit nicht Verschlagenheit; sein Eifer ent-
stellete seine Klugheit nicht; sein Feuer war
wohlthätig erwärmend, nicht verzehrend. Ohne
ein lästiger Ermahner zu seyn, war sein Umgang Unterricht, und sein Unterricht aus den
Herzen gegriffene Wahrheit. Berühmte Lehrer,
welche Vinzenz eingeladen hatte seiner Heerde
etwas von ihrer Geistessalbung mitzutheilen,
gestanden: sie tragen Licht in die Sonne. Ge-
übte Seelsorger suchten seinen Umgang, um sich
an seinem Eifer zu erbauen; und sein Haus
                                        wurde

wurde eine Pflanzſchule junger Freunde der Wahrheit; angehender Diener der Religion.

Es koſtet nur ein Hindeuten auf ein neues Feld, wo eine reife Ernbte ſteht, nur die Hof‐ nung eines reichern Gewinnes: ſo eilet Vin‐ zenz ſich auch dort nüzlich zu machen. Dem, der vom Arbeiten gleichſam lebet, und der das Nützen ſich zum Zwecke ſeines Lebens ge‐ machet hat, zeigen ſich bald Vortheile, zu der‐ en Beobachtung andern ein geübtes Auge fehl‐ et. Der vom Gotteseifer ganz beſeelte Vin‐ zenz wird von guthmüthigen Seelen auf Ge‐ meinden aufmerkſam gemacht, die wegen ih‐ rer Entfernung von dem Mittelpunkte der Thät‐ igkeit auch der Aufmerkſamkeit entgangen zu ſeyn ſchienen. Auf Menſchen, die roh und un‐ gebildet ihre Tage verlebten, ohne vielleicht aus Grundſätzen gut, oder aus Verderbniß laſter‐ haft zu ſeyn; die aus Mangel des erneuerten Unterrichts von dem Kriſtenthume nichts als den Namen kannten; von Gott nichts, als das Schreckenbild, das der Donner einpräget; und von der Bearbeitung ihrer Felder mehr

C   wüſ‐

wüßten, als von der Pflanzung ihres Geistes.
Ein Held wünschet nicht so heiß Siege und
Eroberung, als Vinzenz die Bearbeitung und
Besserung dieses Volkes. Er lehret, überzeuget, rühret, gewinnet Gott und der Tugend:
und die Wünsche seiner Seele sind befriediget,
einem Volke nützlich gewesen zu sein; es für
Wahrheit und Tugend, oder welches eben so
viel ist: es Gott gewonnen zu haben.

Mit welchem Vergnügen lernet man eine
Seele kennen, die wahre Bruderliebe besitzet,
und die von ihrem Leben keinen andern Gebrauch
zu machen weis, als daß sie es ihren Brüdern
widmet. Der Menschheit nützen wird endlich
einer solchen Seele Bedürfniß; wird das einzige Leben derselben: wie bei verdorbenen die
Menschheit kränken, und derselben schaden Leben wird. Vinzenz eilet von Arbeit zu Arbeit
für das Beste seiner Mitmenschen: und die
mühsamsten Verrichtungen verliehren bei ihm
von ihrem Werthe, wenn er noch beschwerlichere
sieht. Kommen sie, m. 3.! und begleiten wir
ihn auf die Galeeren, welche der König seiner
seist.

geiſtlichen Obſorge, und ſeinem geprüften Eifer
anvertrauet hatte; um auch dort Zeugen ſeiner
Menſchenliebe und Gemeinnützigkeit zu ſein.
Sie wiſſen, was Galeeren ſind. Es ſind Schiffe,
deren Eingeweide groſentheils mit dem Aus-
wurfe der Menſchheit angefüllt ſind: deren Beſtimmung iſt, durch Hunger, Blöſe, Ketten,
Stürme, und die drückendſte Arbeit die Böſen
zu züchtigen, die unter ihren Mitmenſchen nicht
mehr geduldet werden konnten. Schiffe, die
Böſewichte enthalten, welche die Erde nicht
mehr tragen konnte, und die verdammet word-
en ſind, unter den Ungeheuern des Meeres
zu leben, weil ſie nicht zu lieben wußten; wo
Unglückliche wohnen, denen oft der Laſt der
Ketten noch das geringſte Uebel iſt, welches ſie
drücket; und die oft das Andenken ihrer Laſter
empfindlicher quälet, als Banden und ſchreck-
liche Behandlung. Menſchen, welche die Härte
ihrer Züchtiger unempfindlich, die Gefahren
wild machen; welche die zuſammengeſchmiedete
Geſellſchaft von böſen noch mehr verdirbt, und
das beunruhigte Gewiſſen der Verzweiflung

näh-

ndhert. Zu diesen Unglücklichen eilet Vinzenz
auf den Befehl seines Königs. Er redet, handelt mit diesen Verworfenen im Geiste Jesu, der
gekommen ist zu suchen, und zu retten, was verlohren war. Ihr Herz, das kaum noch von
Stürmen erschüttert wird, öfnet sich der sanften
Stimme des salbungsvollen Predigers. Wie
der Lichtstrahl, der aus der gebrochenen Sturm-
wolke hervordringt den verzweifelnden Schiffer
tröstet; so trat bei seiner Anrede Hofnung in
ihr Herz zurück. Thränen der Buse mildern die
Wildheit ihres Auges; ihre Unempfindlichkeit
wird gläubige Reue, und sie tragen nun mit
dem Geiste der Buse ihre Ketten, die sie ehemals
verfluchten: weil sie einsehen, daß sie dieselben
verdienet haben.

Die Tugend wird sinnreich, m. L.! wenn
sie in dem Menschen herrschend wird. Sie er-
gieset sich in ihre grose Plane. Bald ist ihr ein
Zeitalter zu kurz; bald ein Reich zu eng; bald
eine einzelne Kraft zu unwirksam. Sie wünschet
eben so sehr sich in ihren Wirkungen zu ver-
ewigen, als in allen Herzen zu wohnen. Sie
ge-

gedenket darum auf Mittel, wie ſie ihre Anlagen überleben, und nach dem Zerfalle der
Hülle, welche die tugendverbreitende Seele trug,
noch in ihren Anordnungen leben könnte. Sie
weiß keinen einnehmenderen Gedanken, als,
daß ihr Geiſt ſich in den kömmenden Jahrhunderten auch noch erhalten möge. Da ſie fürchtet
das glücklich angefangene Werk könne mit dem
Ableben jener Kraft dahin welken, welche ſie
hervorbrachte: ſo machet ſie Entwürfe, machet
Anſtalten, daß auch die Zukunft an den Vortheilen der gegenwärtigen Zeit Theil nehme. So
verhielt es ſich mit dem Triebe der Gemeinnützigkeit Vinzenzens. Er war nicht damit
zufrieden, daß ſein Leben unter Wohlthun dahin floß: er wünſchte, o wie tugendhaft bezeich-
net dieſer ſchöne Wunſch ſein frommes Herz! daß
ſein zurückbleibender Geiſt für die folgenden
Zeiten ſein Daſein erſetze, und fortfahre ihn
gemeinnützig zu machen. — Er ſammlet ſich
eine Geſellſchaft, welcher er ſeine Geſuche, den
Drang ſeines Herzens zum Geſetze machet, und
welcher er ſeinen aus Jeſu geſchöpften Geiſt

C 3   mit-

mittheilet: nach seiner Anlage auf die Menſchheit zu wirken, und ſich derſelben nützlich zu
machen. f) So ſinnreich wird die erhöhetere
Tugend; ſo hält ſie den verfeinerten Entwürfen
des Laſters das Gleichgewicht. Wen erfreuet
das Andenken dieſes ſo begeiſterten Liebhabers
ſeiner Brüder nicht? wer ſchäzet nicht ſeine
menſchenliebevolle Seele? Wer erbauet ſich nicht
an ſeiner ſo ausgezeichneten Tugend? Wer er-
kenn-

---

f) Vinzenz war nemlich Stifter der Prieſter von
der Predigtſendung, in der Kurpfalz unter dem
Namen Lazariſten bekannt. In Frankreich ſoll
dieſer Orden viel gutes geſtiftet haben; in wie
weit aber die rheiniſche Pfalz damit kann zufrieden
ſein, verweißt man auf die bekannte Geſchichte
des Lazarismus in der Pfalz: oder die
franzöſiſchen Pädagogen: (Bethania 1793)
die zwar hie und da Unrichtigkeiten enthält, worin
aber auch gewiß warmer Patriotism für das Beſte
des Vaterlandes nicht zu verkennen iſt. Möchten
nur manche Winke zum Heile des Vaterlandes zum
Wohle der Vaterlandsſöhne beſſer beherziget werd-
en!! — A. d. H.

kennet nicht, wie viel dem Menschen möglich
sei, wenn er nur will? —

II. Theil.

Es wäre unverzeihlich, wenn wir außer
einem trägen Staunen, dem untrüglichen Zeich-
en der Schwäche eines Menschen, keinen weitern Vortheil aus der Feier dieses Tages zögen,
wenn wir das Andenken des heil. Vinzenz eben
so kalt und ungerührt von uns schwinden ließen,
als wir es vielleicht erwartet haben. Werth,
einnehmend, und wirksam auf uns muß uns
das Andenken dieses Wohlthäters seiner Brüder. sein. Denn glauben sie nicht, daß wir ihn
darum heilig nennen, weil er etwas anders
gethan hat, als die übrigen Menschen sonst
schuldig sind: heilig ist er uns nur, weil er
die allgemeine Menschenpflicht in einem held-
enmäßigen Grade erfüllet hat. Die Gemeinnützigkeit, welche wir an ihm bewundert hab-
en, ist keine willführliche Tugend der Mensch-
en; keine Lebensart, deren Wahl uns frei steht.
Nein: sie ist Pflicht; unnachlässige Pflicht für
C 4   alles,

alles, was Mensch heißt, nach eines jeden
Kräften. Gott hat die Menschheit als eine Gesellschaft angeleget, derer Wohl nur durch die
Verwendung der einzelnen Glieder für das allgemeine Beste errichtet werden kann. Die Menschheit soll einem einzigen Körper gleichen, wovon
alle Menschen Glieder sind, und deren sämt-
liche Kräfte dem ganzen Körper gehören, und
für ihn wirken sollen.

Ist es weniger als Pflicht dasjenige der
Menschheit wieder zu ersezen, was ich von derselben erhalten habe? Meine Bedürfnisse haben
die Menschheit angetrieben zu meinem Besten
zu wirken: werde ich ohne Untreue weniger
empfindsam für sie sein dörfen? Ihr Menschen!
denen alles zweifelhaft zu sein scheinet, was sie
zu wahren Menschen erheben sollte; saget: wer
gab euch die so wohlthätige Erziehung? Wer
lehrete euch die Wahrheiten, die euern Geist
gebildet haben? Wer gab euch die Anleitung
euer Brod zu gewinnen? Wer kömmt euch izt
noch in eurer Schwäche zu Hilfe? Wer schützet
euch bei eurem Eigenthume? Wer vertheidiget
euch

euch gegen überwiegende ungerechte Anfälle?
Wer wartet euch in Krankheiten u. f. w.? Ist
es nicht der Geist der Gemeinnützigkeit, den
die Menschheit in sich rege fühlet, und den sie
für euch wirken läßt, so bald, und so lang ihr
seiner bedarfet? Wer kann daran zweifeln,
daß ein jeder durch die Wohlthat seiner Mitmenschen besteht, und zu dem heran gewachsen
ist, was er ist? — Da nun die Nachwelt noch
mit eben den Bedürfnissen kämpfet, wie die
Vorwelt: soll es nicht Pflicht sein, daß man
die Schuld abtrage, welche man durch den Genuß der Wohlthaten aus den Händen der Vorwelt gemacht hat? Hat man in uns die Menschheit geehret, warum sollten wir sie nicht auch
in andern zu ehren verbunden sein?

Wie drückend sind darum selbstsüchtige
Menschen! tausende leiden bei den nie befried-
igten Gesuchen ihrer Eigenliebe. Sie benutzen
die ganze Menschheit nur für sich. Aus den
Trümmern des Glückes ihrer Brüder, das sie
selbst umgestürzet haben, suchen die Gefühl-
losen ihren Reichthum, auf den Nacken ihrer

in

in den Staub getrettenen Mitmenschen erheben
sie sich zur Ehre; durch die Einsaugung des
Arbeitschweises ihrer Mitbürger suchen sie
Genuß.

Glauben sie wohl, m. Z.! das unermeß-
liche Wesen, das einen unerforschlichen Ab-
grund der Weisheit in der Anordnung der
Schöpfung geöfnet hat, werde seiner Größe
und Weisheit in der Bestimmung des Mensch-
en vergessen haben? Was wäre der Mensch,
als ein Widerspruch seiner selbst, wenn ihm
nicht die Hinwirkung auf das allgemeine Beste
Pflicht wäre? Wer wäre die Weisheit Gottes,
als eine Kraft erstaunenswürdige Anlagen zu
entwerfen, und auszuführen, ohne sie benutz-
en zu können? Wir sehen menschliche Körper,
die uns durch ihre Stärke und ihren festen
Bau in Erstaunen setzen, und von denen wir
sagen müssen: sie sind zum Arbeiten und Aus-
harren gebohren! die oft weniger zerstörbar
als Metalle sind, und durch Gebrauch und
Uebung noch an Kräften zunehmen; die der
Hitze und Kälte, den Stürmen und Gefahren
troß-

trotzen: an deren Seite aber gleichsam nur
Schatten von Menschen dahin schweben, die
schwächlich am Körperbaue, arm an Kräften,
hinfällig an ihrem ganzen Wesen sind. Wir
sehen Köpfe, welche sich durch eine ganz un-
gewöhnliche Geisteskraft auszeichnen, die durch
ihre Helle alles um sich her verdunkeln, wie
das Tageslicht die nächtlichen Gestirne; die
ihre Zeitgenossen hoch übersehen, in der Schnell-
igkeit ihrer Entwürfe denselben unerreichbar
vorkommen; in der Gründlichkeit ihrer Anlagen die Wandelbarkeit der menschlichen Dinge
gefesselt haben: und andere, die blöd am Ver-
stande, schwach am Geiste, Säuglinge in der
Fassungskraft sind; die sich gleichsam in einem Zustande der ewigen Unmündigkeit befind-
en, und dazu bestimmt zu sein scheinen; sich
wie das Epheu an der Eiche zu halten. Wenn
nun der Mensch bei dieser Ungleichheit seiner
Gaben und Kräfte nicht den innern Ruf der
Stimme seines Schöpfers hörete: sei deinem
minder begabtem Bruder alles, was ihm mangelt! was würde die Menschheit sein? Ein Geschlecht

schlecht von Gebiethern und Unterbrückten ; ein Haufen von Räubern und Ausgeplünderten ; ein Gemeng von nachstellenden Geyern und schönen Tauben ; von Tigern und ihrem Fraße überlaffenen Lämmchen. Aber eine solche Zerrüttung duldet Gottes Fürsehung nicht Sie rufet laut und standhaft den Starken und Weisen zu : dienet mit dem Uebermaße eurer Kräfte dem angefochtenen Bruder ! Eure Stärke schütze ihn ; eure Weißheit belehre ihn ; eure Klugheit führe ihn ; euer Ansehen sichere ihn : lebet der Menschheit ! Wie groß, wie göttlich erscheinet itzt diese Anstalt ! Mit wahrer Zufriedenheit entdecket man , daß die Tugend die hie noch nicht mögliche Vollkommenheit der Natur ersetze ; daß Gott durch die Weißheit, welche er von den Menschen fodert, jener unermeßlichen Weißheit zu Hilfe komme, welche ihn bestimmt hat den Menschen itzt so und nicht anders zu schaffen.

Der abgesonderte Mensch , der nur für sich lebet , ist nichts : und der Mensch in der Gesellschaft, der auch für die Gesellschaft lebet,

ist

ist Alles, was man seiner Gaben würdig nennen kann. Reißen sie einen Menschen von der Gesellschaft los: und er wird nicht bestehen können. Keine der Gaben wird sich an ihm entwickeln, die den Menschen von dem Thiere so merklich unterscheiden; keine der Tugenden wird ihm eigen werden, die den Werth des Menschen ausmachen sollen; unzählige Bedürfnisse wird er fühlen, die er nicht selbst befriedigen kann; Schwäche, Traurigkeit, Oedigkeit, Weltleere ohne Gesellschaft werden ihm tausendmale den Wunsch nach einem Mitmenschen abzwingen, wenn er ja noch eines Wunsches fähig ist; roh und ungebildet, grausam und wild wird er gleich andern Thieren die Wüsten durchirren. Aber in dem Kreise von Menschen, welche Liebhaber der Brüderschaft sind, lebet der Mensch glücklich; die Einwirkung seiner Mitmenschen auf ihn machet ihn zum weisen; ihr Arm schützet ihn gegen Anfälle; ihr Trost lindert seine Schmerzen; ihre Beihilfe erhält ihn in Krankheiten; ihr Umgang machet ihn freundlich, liebreich, zuvorkommend.   So

So deutlich sich der Wille Gottes erkläret hat durch die ganze Grundlage, worauf das Wohl der Menschheit gebauet ist: so wollte es Gott dennoch nicht auf unsere Beflissenheit ankommen lassen, es darin zu suchen. Unter den Verkündigungen, welche er der Menschheit durch die an sie angesendeten Lehrer machen ließ, um die Beförderung desselben weder ihrem Eigensinne noch ihrer Trägheit zu überlassen, wenn sie diese grosen Lehren vielleicht nicht selbst in der Natur der Dinge lesen wollten, finden sich die häufigsten und bestimmtesten Lehren über die Pflicht der Gemeinnützigkeit. Du sollst deinen Nächsten, wie dich selbst lieben, läßt Gott durch den Moses verkünden. Gott hat einem jeden seinen Nächsten anempfohlen, lehret Sirach im Geiste Gottes. Ermesse es aus dir selbst, was du deinem Nächsten schuldig bist, wird von ebendemselben als das Mas der Liebe angegeben.*) Ein jeder helfe seinem Nächsten,

_____

*) Eccl. 17, 12. 31, 18.

en, und sage seinem Bruder: sei gutes Muth-
es! verlanget Jesaias. *)

Gott that noch mehr. Gleichsam als wenn
er alles wagen wollte, um von uns wohl ver-
standen zu werden, daß die Gemeinnützigkeit
die ganze Menschheit beseelen solle, sendet er
seinen eingebohrnen, die Tugend im Leben.
Welche merkwürdige Erscheinung ist Jesus für
die Welt! Ein ganzes Leben für andere! Alles,
was Jesus suchet, verlanget, wünschet, bitt-
et, ist Wohl der Menschheit. Alles, was er
unternimmt, anleget, bearbeitet, ausführet
ist Menschenbeglückung. Alles, was er lehret, vor-
trägt, einpräget ist Menschenliebe, Gemeinnützigkeit. Seine Erscheinung unter uns Menschen ist
für ihn eine wahre Zernichtung, und er hält
sie seiner würdig, weil sie uns die schätzbarste
Lehre wird, für das Beste unserer Brüder nichts
zu gering zu achten. Er nimmt die Gestalt
eines Knechts an, damit wir lernten unsere
Würde

---

*) 41, 6.

Würde im Dienste der Menschheit zu suchen.
Er durchreiset das Land, um jedem mit Lehre
und Hilfe nahe zu sein; um uns begreiflich zu
machen, daß die wahre Liebe nicht sich, sondern der Menschheit lebet. Er setzet sich den un-
würdigsten Begegnungen aus: und sein Betrag-
en dabei ist uns ein Zuruf: sehet nicht auf das,
was euch geschieht, sondern auf das Bedürfnis eurer Brüder! Der traurigste schmerz-
lichste Tod ist sein Lohn für, seine gränzenlose
Thätigkeit für das Menschenwohl: und für
uns entwindet sich die wichtige Lehre vom Kreutze:
Gewinn genug für uns, wenn wir den Tod der
Liebe sterben! So angelegen war es Gott den
Menschen die Pflicht der Gemeinnützigkeit auf
das dringendste an das Herz zu legen.

Ich wünsche sehr, Verehrungswürdige!
daß wir unsre Eigenliebe nicht anhören, wenn
sie spricht: warum soll ich für andere leben?
Wenn es mir nur wohl geht: Andere mögen
für sich sorgen! Ich bin mir meine Welt: sie
lebet, und stirbt mit mir. O meine Lieben!
Diese, Aeuserung kömmt weder mit den Ab-

sichten

sichten des grosen Schöpfers, noch mit dem
Beispiele Jesu überein. Wenn denn nun eben
dieses die Ermahnung Gottes wäre, daß wir
für uns selbst leben, wenn wir für andere
leben; daß wir uns selbst Gewinn voll zurück-
erhalten, wenn wir uns andern schenken!
Merken wir denn nicht, daß uns die Eigenliebe eine ganz rohe Zweideutigkeit unterschiebet,
wenn sie uns sagen läßt: warum soll ich für
andere leben? Die Eigenliebe weis sich freilich bei dem Ausdrucke: — für sich selbst leb-
en nichts anders zu denken, als: für sich
Speise und Trank; Kleidung und Obdach nach
Wunsche haben. Aber die Weisheit versteht
unter dem — für sich selbst leben das für
seine Vervollkommenung leben, welches
der Zweck unsers Daseins ist. Wann lebe ich
aber mehr zu meiner Vervollkommenung, als
wenn ich für andere lebe? Was machet mein
Herz edler, als wenn ich mich meinen Mitmenschen widme? Was machet es sanfter,
als Umgang und milde Behandlung meiner
Brüder? Was wohlwollender, als wenn ich

D   jede

jeden in meinem Herzen trage? Was machet
mich grosmüthiger, als wenn ich um anderer
willen mich selbst vergesse? Was getreuer, als
hie Ueberzeugung: Gott habe einem jeden sein-
en Nächsten als ein heiliges Pfand anvertrauet?
Was aufrichtiger, als der Gedanke: wir alle
sind Glieder eines Leibes? Was geduldiger,
als meine Unvollkommenheiten gegen jene meiner Mitmenschen abgewogen? Und wir sollen
es nicht für sich selbst leben nennen, wenn
wir sanfter, wohlwollender, getreuer, aufrichtiger, geduldiger, edler, grosmüthiger
werden, das heißt: wenn wir uns des Vor-
zuges vernünftiger Wesen würdig machen? —
Und wenn ich denn diese Sprache der Eigenliebe auch nach dem Gewichte meiner sinnlich-
en Vortheile abwägen wollte, würden wir nicht
die leereste Unkundschaft mit unsern wahren
Vortheilen verrathen, wenn wir zu verlieren
glauben, da wir für andere leben? Was verliere ich denn, wenn ich meinen Mitmenschen,
welche meine Thätigkeit erreichen kann, diene;
wenn dafür Millionen um mich her sind, der-
en

en wohlthätiger Einfluß auch mich erfreuet? Was verliere ich, wenn ich meine wenigen Kräfte der Menschheit widme, und dafür die Vollkraft der Menschheit zu meinem Besten fühle?

Schluß.

Die Gemeinnützigkeit ist uns also die Schule aller Tugend; die Anführerin zu unserer Vervollkommenung. Alle jene Gefühle und Fertigkeiten; ohne welche wir keine Menschen sind, werden uns durch sie beigebracht. Durch sie lerne ich den Geiz und Eigennuß besiegen, indem sie mich aufrufet, von meinem Ueberflusse mitzutheilen; durch sie werde ich zum Mitleiden gerühret; indem sie mir das Uebel meines Nächsten als eine Krankheit des Menschenkörpers schildert, wovon auch ich ein Glied bin, und der nicht leiden kann, ohne daß es auch mir schade; durch sie befestige ich mich in der Treue, indem sie mich lehret: der Vortheil meines Bruders sei mein eigner; durch sie wird mir die Wahrheit Bedürfnis, indem sie mich überzeuget: der Irrthum meines Bruders ver-

stricke

stricke endlich meine eigenen Füse. Kalt und
felsenartig würden unsere Herzen gegen unsere
Mitmenschen bleiben, wenn wir unsere Vortheile von den ihrigen trennen könnten. Gefühle des Mitleidens würden unsere stumpfe
Seele nie rühren, wenn wir nicht gelernet
hätten ein jedes Leiden als ein allgemeines Uebel anzusehen. Freude über das Glück des Nächst-
en würde uns nie begeistern, wenn uns die
Erfahrung nicht überzeugete: sein Glück habe
Einfluß auf das unsrige. Kurz: mein wohlthätiger Einfluß auf meine Brüder erzeuget
meine Vervollkommenung.

Kein Alter ist zu spat die ungekannte Tugend zu lernen, und dasjenige einigermasen zu
ersetzen, was man durch seine Gefühllosigkeit
gegen das allgemeine Beste der Menschheit entzogen hat: aber die Jugend ist doch vor jedem
andern Alter geschickt, sich zum Dienste der
Menschheit tauglich zu machen. So wie Vin-
senz früh anfing durch Lernbegierde und Thätigkeit den Grund zu seiner künftigen Gemeinnützigkeit zu legen: so ist es Pflicht für die ganze
Jug-

Jugend, daß sich die einzelnen Glieder der=
selben, nach der Stimmung ihrer Herzen zu
einem Geschäfte für das allgemeine Wohl taug=
lich machen. Es ist ein großer, wichtiger Ge=
danke für die Jugend: mein Leben gehöret nicht
mir zu: es gehöret der Menschheit. Sie kann
von mir von dem Gebrauche desselben und mein=
er Kräfte Rechenschaft fodern. Ich bin nur
denn ihrer Achtung werth, wenn ich rastlos
nach der Geschicklichkeit strebe, ihr einstens nach
meinen Kräften und nach meinem Berufe dien=
en zu können. Thätigkeit mit Rücksicht auf
meine künftigen Verrichtungen ist meine Pflicht.

Edle, hofnungsvolle Jugend! deren eine
so schöne Anzahl mich heute mit ihrer Geduld
erfreuet: ich würde der Foderung meines Herz=
ens nicht genug gethan haben, wenn ich dir
nicht sagete: die Nachwelt wartet auf dich!
Sie zählet auf deine künftigen Dienste! Sie
erwartet an dir Bekenner der Wahrheit, Schütz=
er der Gerechtigkeit, Freunde ihrer Kinder!
Und wir, die wir gleichsam die itzige Welt
ausmachen, erwarten von dir, daß du uns

selbst

selbst übertreffest, auf deren Schultern du ge-
tragen wirst, und darum unsere Größe so leicht
übersehen kannst. Wie bedeutend müssen dir
diese Gedanken deinen jetzigen Stand machen!
Entweder werden dich deine Mitmenschen künftig als Treulose verachten, die ihre Kräfte dem
allgemeinen Besten entzogen haben: oder du
mußt arbeiten, damit du zu je einem Berufe
tauglich werdest. Entweder muß die Zahl des
Guten, des Glückes, der Wahrheit durch dich
vermehret werden: oder du mußt die Schande
in das Grab mit dir nehmen, deines Lebens
unwürdig, und ein drückender Last der Erde
gewesen zu sein.

Da die Gemeinnützigkeit, die Besorgung
des allgemeinen Besten der Zweck jedes Amtes
jedes Berufes ist; so sollten wir ein Herz voll
Bruderliebe, voll Trieb das Wohl der Menschheit zu befördern mit zu unsern Stellen bringen,
wie es Vinzenz mit sich brachte. Das allgemeine Beste sollte unsere Thätigkeit spannen;
unsern Geist beschäftigen; unsere Unternehmungen leiten; unsere Sorgfalt beleben. Wir
sollten

sollten (ich fühle, daß ich dem gemeinen Mensch,
enschlage mit diesen Worten beschwerlich falle)
keinen Dienst um des Brodes: sondern jeden
Dienst um der Arbeit willen suchen. O die
Sprache kränket, beleidiget den Kenner der
Pflichten, und des allgemeinen Menschenwohl=
es, wenn er aus dem Munde der Lohnknechte
in jedem Stande höret: ich habe nun Brob;
ich habe meinem Kinde seinen Unterhalt ver=
schaffet! Und du o gemeines Wesen! dulbest
diese Sprache? Dulbest sie nicht nur, sondern
heiligest sie sogar, indem du sie mit deinem
Glückwunsche begleitest, wenn sie von Vät=
ern, denen ihre Kinder die ganze Welt und
Menschheit sind, mit einer Art von Sieges=
freude wiederholet wird? Daher entsteht der
verrückte Gesichtspunkt, aus welchem die Aemt=
er und Berufsstellen betrachtet; daher die nied=
ern Gesuche bei dem Antritte derselben, gegen
das Wort, welches man dem Staate feierlich
gegeben hat: für seine Mitmenschen zu leben.

Der heilige, dessen Andenken wir heute fei=
ern, sie uns ein lebhafter Antrieb, Jesum,

D 4   der

ber das Muster aller Tugend war, und der
sogar sein Leben für seine Schaafe (für das allgemeine Beste) hingegeben hat, nachzuahmen.
Die grosen Männer der Vorwelt, besonders
die Helden der Religion, haben schon oft den
wirksamsten Tugendgeist in den Nachkömmling-
en erwecket: warum sollte Vinzenz, der ganz
für seine Brüder gelebt hat, weniger auf uns
wirken? Was soll uns hindern uns nach seinem Beispiele ganz dem allgemeinen Besten zu
widmen? Verlieren wir etwas an unserm Werthe, wenn wir der Menschheit dienen? Weh
uns, wenn wir den Werth des Menschen nach
dem Gewichte seines Goldes ansetzen! Auf der
Wagschale der Tugend ziehet vorzüglich das
Verdienst um die Menschheit. Entziehet uns
der Menschendienst vielleicht die Lebensfreud-
en? Gröser ist die Freude, Wahrheiten aus-
zusäen, als Gold zu erndten; gröser das Vergnügen das Reich der Tugenden zu verbreiten,
als seine Besitzungen; mehr ergötzet ein Dienst,
welchen wir der Menschheit erwiesen haben,
als der Anblick einer vollen Kiste; bleibender
ist

iſt der Name eines Tugendhaften, als der Name
eines Reichen. Wenigſtens wird jener mit Ehrfurcht genennet, da dieſer oft verfluchet wird,
Sehen ſie: Vinzenzen bewundert die Menſchheit. Ihm danket ſie; ihn liebet ſie in ſeinem Andenken: denn er war ein Wohlthäter
ſeiner Brüder; da indeſſen Millionen der Sklav-
en ihrer ſelbſt nicht mehr genennet, nicht mehr
gekannt werden!

Unſer Geſuch, unſer Streben ſei darum —
die Beförderung des allgemeinen Beſten. Es
gebe für uns kein Wunſch; kein Vortheil werde
von uns gekannt, als: — unſern Brüdern
nützlich zu werden. Das Beſte der Menſchheit
ſei das erſte Geſez, welches über alle Triebe
unſers Herzens waltet. Die wahre Weisheit,
der reinſte Genuß unſers Lebens beſteht im
Wohlthun. Erflehe uns eben den Geiſt von
Gott, heiliger Vinzenz! Liebhaber deiner
Brüder! welcher dich beſeelet hat. Erlange
uns, daß auch wir das Verdienſt dieſer
Weisheit uns zueignen, indem wir das Wohl

der

der Menschheit nach unsern Kräften befördern. Derjenige ist weise, welcher Seel-
en gewinnet: — sich gemeinnützig machet.
Amen.

Rede

über die

wahre Aufklärung.

Am

fünften Sonntage nach Pfingsten

in

der Pfarrkirche zum heiligen Johann
auf dem Graben bei Grätz

gehalten

von

Mathias Kossler,
Direktor des Leobner Diözesan-Seminars.

———

1795.

Aufklärung ist, und bleibt eine der wichtigsten Angelegenheiten der Menschheit, und das Wort, das manchem immer noch zweideutig, und verdächtig ist, bleibt unter denen, welche die Sache bezeichnen, bis jetzt wenigstens das beste. Warum sollten wir es aufgeben, da wir kein besseres haben? Um derjenigen willen, die weder das Wort noch die Sache leiden können? Erstreckt sich der Despotism auch über das Gebieth der Sprache? Usus est tyrannus. Das Wort wird wohl bleiben, was auch Censur und Religions-Edicte dagegen sagen mögen, und die Sache wird auch wohl bleiben, wie sehr dergleichen Edicte dagegen wirken mögen — Wer aber wahre und vernünftige Aufklärung von elender After-Aufklärung so richtig zu unterscheiden weis, als es Herr Koffler in gegenwärtiger Rede gethan hat, und die erstere so zweckmäßig zu befördern versteht, als es von demselben geschehen ist, rechtfertiget beide, das Wort, und die Sache. Der Verfasser dieser mit unverkennbaren Fleise geschriebenen Rede ist daher Dankes würdig, da er die Begriffe von der Kristlichen Aufklärung für das Volk so gemein faßlich berichtiget. — Sittlichkeit und kristliche Liebe gründen ihm die wahre Aufklärung. Diese Aufklärung gibt uns Licht über unsere Pflichten, und Bestimmung in diesem, über unsere Erwartungen in einem künftigen Leben, über das, was wir thun sollen, und was wir dann von Gott zu hoffen haben. Diese Aufklärung ist keines Mißbrauches fähig, man kann nach ihr nicht anders als gut handeln, und wenn man nach ihr jede andere Kenntniß ordnet, so kann man auch diese nicht anders als gut gebrauchen. Gegenwärtige Rede ist daher in so mancher Absicht äuserst wichtig und belebend; sie gründet sich auf Wahrheit, nicht auf schimmernde Gedanken, und führet in einer schönen Einfachheit, in einer natürlichen Sprache, und in allgemeiner Verständlichkeit zum Ziele.

A. d. H.

Text.

Ich versichere euch, unter allen, die von
Weibern gebohren sind, ist noch keiner
größer gewesen, als Johannes der Täufer.
Matth. 11, 11.

Wer den Karakter Johannes des Täufers,
dessen Fest heute in diesem Gotteshause ge-
feiert wird, mit unpartheiischen Augen betrachtet, der muß die Erhabenheit und Größe
desselben bewundern. Tief gesunken waren die
Juden, das Sittenverderbniß unter ihnen allgemein, stolz rühmten sie sich Abrahams aus-
erwähltes Geschlecht, aber gewichen war der
Geist des großen Stammvaters. Und nun,
gerade in dem rechten Zeitpunkte, trat Johannes mit Entschlossenheit und festem Muthe
unter die Verdorbenen, und sagte es laut und
offen: Thut Buße, werdet bessere Menschen,
denn das Reich des Messias ist nahe, und in
dem,

demselben jedes Volk das auserwählte, der
Jude, wie der Heide — Gott kann ja auch
aus Steinen dem Abraham Kinder erwecken;
Johannes predigte Sündenbekenntniß und Buß-
taufe, schalt die heuchlerischen Pharisäer und
Saduzäer eine Natterbrut, schärfte Werke der
Barmherzigkeit statt des Zeremonien- und Tem-
pelbienstes ein, und sagte den Zöllnern: fo-
ert nichts über die gesetzliche Gebühr — den
Soldaten: thut Niemanden unrechte Gewalt
an, seyd zufrieden mit eurem Solde. Und
als er die Erwartungen des Volks in Hinsicht
auf seine Person zu hoch gespannt sah, war
er der redliche Wahrheitsfreund, und sagte
laut: Ich bin nicht der Messias; ich taufe
ja nur mit Wasser, nach mir kömmt der All-
gewaltige; zu gering bin ich, ihm auch nur
die Schuhriemen zu lösen, der wird mit dem
Feuer des heiligen Geistes taufen — Ja, er
hat sie schon in der Hand die Wurfschaufel,
um seine Tenne zu säubern; viele andere Ermahnungen trug er dem Volke vor, und bereitete so dem großen Meister den Weg, stellte
die

die nöthigen Vorbegriffe zur Jesuslehre auf, und war im rechten Sinne der Vorläufer, der Bothe deſſelben. — Seine ſtrenge Lebensart erhob ihn in den Augen des rohen Juden zu einem ganz auſſerordentlichen Manne — Aber er verwies dem Herodes ſeine Unſittlichkeit; und die ernſte Strafpredigt: Es iſt dir nicht erlaubt, daß du deines Bruders Frau zum Weibe haſt, mußte der Gottesmann mit ſeinem Blute verſiegeln.

Wahrlich das würdigſte Muſter eines jeden Wahrheitsfreundes; hoher Verehrung werth iſt Johannes der Täufer, der Aufklärer in den dickſten Finſterniſſen jüdiſcher Vorurtheile! Ja Aufklärung der Kinder des Hauſes Iſraels, und ihre Beſſerung, das war der große Zweck, auf den Johannes hinarbeitete; gereinigte, beſſere Religionsbegriffe allenthalben zu verbreiten, die Juden für die Lehre Jeſus empfänglich zu machen, dies war ſeine Abſicht. a)

Hat

a) Jeſus fand alſo in Johannes wirklich denjenigen, der ihm den Weg bereitete, und das Volk wieder
in

Hat die Aufklärung in unsern Tagen auch
den festen Gang, wie jene des Johannes?
Verfolgen die Prediger derselben auch gleich
schöne, edle Absichten? Sind sie auch eben so
gute Menschen? — Aufklärung, das Mode‑
wort der Zeit, mit dem man nicht selten gar
keinen, und sehr oft die schiefsten Begriffe ver‑
bindet b) — Und doch ist es die angelegenste
Sache

---

in die Lage zu setzen suchte, in der es ehemals
mit seinem Gott gestanden war: wie dies der Vat‑
er des Johannes wirklich bei seiner Geburt in
einer prophetischen Begeisterung vorhersagte. Mehr
von diesem Herolden sehe man im Handbuche
der kristl. Religion v. Ildoph. Schwarz
Benedict. in Banz. (Bamb. und Wirzb.
1794 2ter B. (S. 163.) als einer reinen ka‑
tholischen Dogmatik, welche uns, da wir sie schon
in den Händen vieler gelehrten, und angehenden
Gottesgelehrten wissen, aller weitern Empfehlung
überhebet.

b) Aufklären heißt etwas klar machen, etwas in
seiner Klarheit und Deutlichkeit darstellen, den
Schleier, der darüber hieng, und das Einfallen
des

Sache des Staats und der Religion, daß der Krist und der Bürger mit dem wahren Begriffe der Aufklärung vertraut werde; ich habe mir daher vorgenommen, in dieser Erbauungsstunde zu zeigen: welche Aufklärung die wahre sey.

Wahre Aufklärung ist eine Freundinn der Sittlichkeit.

Wahre Aufklärung ist eine Menschenfreundin.

Der

---

des Lichtes hinderte, wegziehen, und was man vorhin gar nicht, oder nur dunkel sah, hell und erkenntlich sehen lassen. Gut erläuterte dieß Mutschelle in einer bei Austheilung der Schulpreise in Freisingen 1792 gehaltenen Rede, die sich in desselben verm. Schriften 1ten Bändchen (München 1793) befindet. Die Grundsätze dieser religiösen Aufklärung sind von G. L. Ewald über die Volksaufklärung, ihre Gränzen und Vortheile (Berlin und Leipz. 1791) Nr. 14. S. 116 psychologisch entwickelt, und ihre pädagogische Weisheit gezeiget.

A. d. H.

E

Der wahrhaft Aufgeklärte ist demnach sittlich
gut, er liebt die Menschen, welche er auf=
klären will. Die wahre Aufklärung in ihren
unveräusserlichen Rechten zu sichern, der falsch=
en die Larve vom Gesichte zu reißen, damit
sie nicht mehr täusche, dies ist meine Absicht.
Vater der Lichter, gieb du Wahrheit und
Wärme meinem Vortrage, laß mich mit Erfolg
von einem Gegenstande reden, der besonders in
unsern Tagen in sein wahres Licht gestellt zu
werden verdient.

I.

Wahre Aufklärung ist richtige Kennt=
niß, und reine Liebe des Wahren und
Guten — Nach Wahrheit forschen, die ge=
fundene lieben, ihr in Gesinnungen und Hand=
lungen getreu bleiben, dieß heißt aufgeklärt
seyn — Viel wissen und kennen, aber nicht
darnach thun, ist nicht Aufklärung. Der
höchste und würdigste Zweck alles Wissens und
aller menschlichen Erkenntnisse ist sittliche Güte,
und nur diese allein trägt das unverkennbare
Gepräge ächter Kenntnisse an sich; wenn wir

durch

durch alle unsere Einsichten nicht glückselig
werden, wozu taugen sie dann? Und wir könn-
en es nie werden, wenn sie nicht unser Herz
für die heiligen Gesetze der Sittlichkeit er-
wärmen. Der kennt die Ordnung der Dinge
nicht, welcher blosses trockenes Wissen als den
letzten Zweck der vernünftigen Natur aufstellet
— Das glänzendste System im Kopfe, und
keine Güte im Herzen, brüste sich mit dieser
Aufklärung, wer da will, Vernunft und Religion erklären sie einhellig als falsch. Lieber
Bruder, wenn der Vorrath deiner Begriffe sich
nicht in Grundsätze sammelt; wenn diese Grundsätze nicht auf das Herz wirken, wenn sie im
Kampfe zwischen Vernunft und Sinnlichkeit
nicht stäts die traute Stütze der erstern sind;
wenn deine Aufklärung, zwischen Tugend und
Laster nicht entschlossen, die manchmal rauhen
Pfade der Tugend wandelt; wenn du in der
Wahl zwischen Recht und Unrecht wankest,
so traue ja dieser deiner Aufklärung nicht, sie
ist ein eitel Traumbild, das wohl deinem Stolze
schmeicheln mag, aber den richtenden Blick der

E 2   Ver-

Vernunft und Religion nicht aushält; der
Weise hasset das Gesetz und die Regel
des Wohlverhaltens nicht — der Aufgeklärte hält das Gesetz, sagt Jesus Sirach. *)

Wahrlich, meine christlichen Freunde! wenn
es Aufklärung ist, einen richtigen Begriff von
Gott haben, die Verhältnisse kennen, in welch-
en der Mensch mit ihm stehet, wenn es wahre
Aufklärung ist, aus dieser reinen Gotteskenntniß sich unwandelbare Gründe zur Tugend und
Rechtschaffenheit holen, ihn lieben, ehren,
seine Gebote halten, so kann es ja nicht Aufklärung seyn, selten oder gar nicht an Gott
denken, ohne Scheu seine heiligen Gesetze über-
treten, in den Augen des Allgegenwärtigen sich
jeder unedeln Leidenschaft preisgeben; wenn es
Aufklärung ist, wissen, Anbetung Gottes im
Geiste und in der Wahrheit seye die rechte Anbetung, Wittwen und Waisen besorgen
ächter Gottesdienst, **) wenn es wahre Auf-
klär-

---

*) Sir. 33, 2 — 3.
**) Jakob 1, 27.

klärung iſt, völlig ſeinem Gott trauen, in
jeder Lebenslage ſich mit Zuverſicht in ſeine
Vaterarme werfen, innig, und ſtäts ſich bereiten,
frohen Sinnes hinaufſehen zu ihm, dem all-
einigen Freund in der Noth; ſo kann es ja
nicht Aufklärung ſeyn, des Gebetes ſpotten,
es als das Geſchäft der Dümmlinge und Fromm-
ler brandmarken; es kann nicht Aufklärung
ſeyn, da, wo die Kriſtengemeinde im Hoch-
gefühle ihrer Herzen die Hände zum Allvater,
und dem erbarmenden Erlöſer faltet, kalten
Sinnes, und mit frecher Stirne daſtehen; c) ＝

E 3

es

---

c) Wie ganz beſonders wichtig iſt nicht das neueſte
Zeugnis eines um die Menſchheit verdienten Arztes
des Herrn geheimen Rathes und Prof. Mai zu
Heidelberg in einer zu empfehlenden Rede, die
erſt kürzlich im Druck erſchien, als ein Neu-
jahrsgeſchenk für ſeine lieben Mitbürger und jeden für Wahrheit empfäng-
lichen Mitmenſchen für das Jahr 1797.
worin derſelbe als ächter Bekenner Jeſu aus viel-
jährigen Erfahrungen am Krankenbette, die Frage
zur

‚ s es kann nicht Aufklärung seyn, das Recht durch
: s unedle Mittel beugen, und der Thräne des
Waisen

---

zur Ehre der Kristusreligion glücklich beantwort-
et: Wird wohl die moderne Lauigkeit
im Kristenthume, und der augenschein-
liche Verfall des öffentlichen Gottesdienstes der bürgerlichen Gesundheit
und häuslichen Wohlfart Glück und Segen bringen? — Ueberhaupt scheinet es jetzt
in allen Stücken Mode zu werden, nicht zu verbessern: sondern zu zerstöten. „Man schaffe
„alle äusserliche Symbole des Gottesdienstes ab,
„so läuft der Ueberrest auf metaphysische Spiz-
„findigkeiten hinaus, die eben so viele seltsame
„Formen und Wendungen annehmen können, als
„es Köpfe giebt. — ... Man schaffe alle Abbild-
„ungen, alle Vorstellungen ab, so werden sich die
„Menschen bald über die einfachsten Glaubens-
„säze zanken, einander verfolgen, und ermerden.
„Die sogenannten religiösen Rigoristen wissen
„nicht, welchen Eindruck die äuserlichen Zeremo-
„nien auf das Volk machen. Nie haben sie die
„Anbethung des Gekreuzigten am Charfreitage,
„noch

Waifen und der trauernden Wittwe nicht acht-
en; wenn es der wahren Aufklärung erste
Grundbedingniß ist, geläuterte Begriffe von
Recht und Unrecht haben, und nach diesen Begriffen seinen Lebenswandel ordnen, so kann
es ja nicht Aufklärung seyn; die freie unge-
bundene Willkühr als den Bestimmungsgrund
seiner Handlungen annehmen und Leidenschaft,
oder Laune an die Stelle des Rechts und Un-
rechts setzen; wenn es Aufklärung ist, wissen,
rechter Gebrauch seiner Kräfte und Berufstreue
seye jedes Menschen schönste und größte Pflicht;
wenn es wahre Aufklärung ist, durch seine
Kenntnisse und Fähigkeiten gerne das Seinige
zu der Summe der allgemeinen Glückseligkeit
beitragen, mit edler Aufopferung des selbst-
eigenen das Wohl des Ganzen fördern, so

E 4   kann

„noch die Begeisterung der Menge bei der Fron-
„leichnams Procession gesehen; die mich oft selbst
„überrascht hat." Also ein beliebter Schriftsteller
in der deutschen Leipz. Monatsschrift.
Jun. 1796. S. 102.   A. d. H.

kann es nicht Aufklärung seyn, ausgerüstet
mit Anlagen und Fähigkeiten, in Unthätigkeit seine Tage dahinleben, und in dem Müss-
iggange, den Zerstreuungen, und sehr oft in
der Langenweile die herrlichen Kräfte tödten,
welche dem Staate, und der Menschheit gehören; es kann nicht Aufklärung seyn, Pflicht-
en des Staats- und Weltbürgers, Menschen-
und Kristenpflichten dem Egoism, kleinlichen
Privatvortheilen, niederem Eigennuße, dem
Wucher opfern; Brüder, es ist Aufklärung
unsers Geistes, überzeugt seyn, daß der Ver-
pflichtungsgrund jedes Sittengesetzes in der
Natur des Menschen, dem unvertilgbaren Triebe
nach Glückseligkeit, in seinem inneren Gefühle
liege; es ist wahre Aufklärung, seine Gewissenhaftigkeit, als die Wächterin des Gesetzes, in
sich nähren, gründen; d) es kann also keine
Auf-

---

d) Recht sehr empfehlen wir hiezu die drei Briefe
nebst Antworten über die Begriffe Gesetz,
Pflicht — gut und böse in Mutschelle's
verm.

Aufklärung seyn, wenn man Leichtsinn an die
Stelle der Gewissenhaftigkeit setzet, wenn man
E 5 durch

---

verm. Schriften 2tes Bändch. S. 84 — 119
— Desselben Schrift über das sittlich
gute (München 1788.) — Fel. Blau über
die moralische Bildung des Menschen
(Frankf. 1795) IV. Absch. §. 44 — 71. vom moralischen Gesetze, und S. 247. Entwickelung der
moralischen Triebfeder. — Snell's Menon
(2te verb. Aufl. Mannh. 1795.) — Die in vielen
Rücksichten schätzbare in ihrer Art noch einzige
Kritik der Volksmoral für Prediger
von J. P. L. Snell (neueste verm. Aufl. Hei-
delb. 1796.) — Jakobs philosophische
Sittenlehre (Halle 1794) — Pölitz moral-
isches Handbuch oder Grundsätze zu einem vernünftigen und glücklichen Leb-
en. (2te Aufl. 1795.) — Chr. Erh. Schmidt
Grundriß der Moralphilosophie (Jena
1793.) — Prediger Journal von Halle 1791
des 24ten Band. 3tes St. enthält eine Abhandlung
vom Einfluß des höchsten und allgemein-
en Moralprincips auf den Kanzel-
Vor-

durch Trugschlüsse jeder Art die verbindende
Kraft der Sittengesetze zu schwächen sucht,
und

Vortrag, woselbst eine aus Tellers tref=
lichen Predigten II. B. vom 12ten Sonnt.
nach Trin. von der Begierde nützlich zu sein,
und dem Verlangen es zu werden, ausgehoben
ist, um zu zeigen, daß man die Gründe zur
Verbindlichkeit, eine Pflicht auszuüben, noch and=
ers stellen, und ihnen noch mehr Gewicht geben
könne. — Nur darf aber niemals vergessen werd=
en, daß der allgemeine Zweck der öffentlichen
Religionsvorträge sittliche Besserung durch
Religion sei, die so höchst nöthig ist, um die
Achtung fürs Gesetz zu unterstützen, und wirk=
sam zu erhalten; daß von kristlichen Predigern
Kristenthum gepredigt werden müsse. — Was
die Anwendung der reinen Moralprincipi=
en auf den öffentlichen Religionsvortrag betrift,
ist sehr richtig, was Joh. Wilh. Schmidt
der Gottesg. öffentl. Lehrer zu Jena
in seiner Empfehlungswerthen An=
leitung zum populären Kanzelvortrag
I. Theoret. Th. II. praktisch. Th. 2te verm.
Ausg.

und ein lustiges System sich zur Regel des
Rechtverhaltens aufstellet, entkommen von der
Eig.

Ausg (Jena 1795.) in der Vorrede erinnert.
„Man ist bis jetzt noch nicht auf den Punkt ge-
„kommen, diese Grundsätze so zu popularisiren,
„wie es geschehen soll, und geschehen kann. Man
„ist noch in der irrigen Meinung, daß die soge-
„nannten Kantischen Predigten nicht nur in
„der Materie, sondern auch in der Sprache von
„den bisherigen ganz verschieden sein müßten,
„und solange man diese Meinung nicht verläßt,
„wird man auch die Ehre der reinen Vernunft-
„principien nicht retten. Die technischen Aus-
„drücke, und der methodische Gang der Entwick-
„lung, und Anwendung der reinen Vernunftprin-
„ciplen dürfen in Predigten schlechterdings
„nicht gebraucht werden. Man muß sie vielmehr
„so vortragen, wie der gemeine Menschenver-
„stand sich solche denkt, und die praktische Ver-
„nunft eines jeden auch des gemeinsten Mannes
„auf die Handlungen anzuwenden pflegt. Der
„Zuhörer darf gar nicht merken, daß dieses eine
„Predigt anderer Art sei, sondern muß glauben,
„daß

Eigenliebe und unordentlichen Neigungen, wenn
man oft in eben dem Augenblicke von dem
Geiste

„daß es ihm ganz aus dem Herzen gesprochen
„sei." — Wir gedenken noch schlüßlich einer
Stelle in Hrn D. Niemeyers Briefen an
kristliche Religionslehrer S. 163 von
einem jungen Prediger, der sich der kritischen
Kunstsprache in seinen öffentlichen Vorträgen be=
diente. Wo er sonst vom Gewissen, von den
Vorschriften des menschlichen Willens geredet hab=
en würde — da sprach er jetzt von der innern Ge=
setzgebung von der praktischen Vernunft.
Wenn er sonst seine Zuhörer ermuntert hätte, die
Würde der menschlichen Natur in sich selbst zu achten,
alle ihre Mitgeschöpfe als Menschen zu behand=
eln, die Menschheit in ihnen zu ehren — so er=
mahnete er sie nun sich als Selbstzweck, kein
vernünftiges Wesen als bloses Mittel, jedoch
als Zweck zu behandeln; nichts selbstsüchtiges in
die Maximen ihres Handelns aufzunehmen.
Werden die Zuhörer durch solche Worte ver=
ständiger und besser werden?... Wem fällt
nicht mancher ein, der seine grosen Kantischen
Kenntnisse auf der Volkskanzel ausgekramt hat!!
N. d. H.

Geiste der Gesetze, den unveränderlichen Bedürfnissen der Menschennatur schwätzet, sich ein
großes Talent, ein Kraftgenie dünket, in welchem unedle Lust und entehrende Neigungen sich
ins Herz schleichen, dessen reines Gefühl unter dem Vorwande reiner Vernunfttbegriffe er-
stirbt; e) Tugend veredelt, vergrößert jeden
Lebensgenuß, sie hat kein düsteres, mürrisch-
es Aussehen, ist keine Kopfhängerin, dieses
Wissen ist Aufklärung. Aber wenn man im
Streite zwischen Vernunft und Sinnlichkeit eine
edle Selbstüberwindung (nach der Sprache der
Evangel. Selbstverläugnung) die Sache des
Schwachkopfes schilt, wenn man, um kein finster-
er Moralist, kein Schwärmer zu seyn, den Ton
der Lüsternheit sich erlaubt, so kann dies ja
nicht

---

e) „Man spricht nun viel von der reinen Ver-
„nunft; ich schätze die Männer, die hier alles
„ins reine bringen wollen ... Aber thut man
„auch eben so viel für's reine Herz? — Hier
„sollte es jeder zuerst ins reine mit sich selbst
„bringen.‟
Mutschelle verm. Schr. 1s Bändch. S. 50.

nicht Aufklärung seyn — Brüder! es ist nicht
Aufklärung, wenn man, um kein rauher Aszet
zu heissen, ein Wollüstling wird.

Wenn man die Wahrheit des Karakters
nur nach den Handlungen, nicht nach den Wort-
en mißt, so muß auch die Richtigkeit der Kenntnisse und Einsichten die Aufklärung nach der
Uebereinstimmung derselben mit den Gesetzen
der Sittlichkeit bestimmt werden, kurz: Moralität ist und bleibt der sicherste Maßstab wahrer Aufklärung. Euer Licht leuchte vor den
Menschen, damit sie eure guten Werke
sehen, und den Vater im Himmel deshalb
preißen: so sprach der große Meister, welcher
kam, um das Reich der Tugend und Sittlichkeit
unter den Menschen auszubreiten — Die Wahrheit meiner göttlichen Lehre werde an euch selbst,
an den Werken der Tugend und Rechtschaffenheit, zu welchen sie Kraft und Muth verleihet,
sichtbar; euere richtige Gotteskenntniß, euere
Aufklärung aus Gott soll an eurem eigenen
Lebenswandel sich rechtfertigen, und wie ein
Licht allenthalben leuchten.

Und

Und fürwahr, wer möchte den Menschen
einen Weisen nennen, welcher thöricht handelt?
und spräche er auch noch so viel von Weisheit
— Wer kann also denjenigen für aufgeklärt
halten, welcher die heiligen Gesetze der Sittlichkeit mit Füßen tritt? Rein und edel ist
die Absicht des redlichen Wahrheitsfreundes,
sie um ihrer selbst, und dann des Nutzens will-
en, den sie stiftet, suchen, ist das rastlose Bestreben desselben. — Wäre doch die Absicht aller
derjenigen, welche sich Aufklärer dünken, oder
als solche gelten, eben so rein und edel, jeden
Satz mit den höhern Sittengesetzen in Verbindung bringen, jede Wahrheit nach dem Verhältnisse zu denselben würdigen; dies ist das Geschäft des Weisen, des wahrhaft aufgeklärt-
en Mannes; praktische Weisheit höher acht-
en, als eine ganze Reihe der glänzendsten Sätze
ohne innerem Gehalte, das, was den Mensch-
en edel und gut, Tugend und Rechtschaffenheit
ihm schätzbar macht, allenthalben suchen und
ausbreiten, dies war von jeher das Kennzeich-
en der Weisen aller Zeiten, und so waren sie
auch

auch, und bleiben an Kenntniß und Wandel das
Muster der Welt und Nachwelt, sie lehrten
Weisheit und lebten tugendhaft. f)

Schöngeisterei ohne Gefühl und Achtung
für Moralität ist nicht Aufklärung, und wehe
dem Staate, in welchem sie einmal als solche
gilt; bald wird man in demselben viele glänz.

ende

---

f) Franz Ludwig der Weise, Fürstbischoff zu
Bamb. und Wirzburg beschwor in seiner letzten
Willensmeinung seine Nachfolger, in seine Er-
ziehungsplane einzugehen, „weil er über-
„zeugt sei, daß Aufklärung an sich der
„Sittlichkeit nicht nachtheilig, sond-
„ern zuträglich sei.“ Eine der Maximen
des verklärten, die er sich selbst aufgezeichnet
hatte, und die seinem Lobredner Hrn Prof. Berg
(für dessen Meisterwerke das gesammte gelehrte
Deutschland einmüthig entschieden hat) zum Gebrauche übergeben worden waren. — Rührend ist
es, die beigefügte Bitte in genannter letzten
Willens Meinung zu lesen: „Daß man Sein-
„er und seiner Grundsätze nicht ver-
„gessen möchte.“

A. d. H.

ende, aber wenig gute Menschen treffen. Möcht-
en sie doch nie gewesen, nicht seyn, und nie
kommen die Zeiten, in welchen man ohne Tugend und Sittlichkeit auf Aufklärung Anspruch
machen darf; Brüder, wehe thut es jedem,
der es mit der Sache Gottes und der Menschheit redlich meint, wenn er Menschen sieht,
welche den kleinen Vorrath von Begriffen und
Halbkenntnissen nur dazu brauchen, um das
Ansehen der wahren Religion und der Gesetze,
zwar nicht zu untergraben (denn das können
Menschen dieser Art nie) aber doch herabzu-
setzen, und auf eine recht niedere Weise lächerlich zu machen; welche die Rolle des Ungläubigen, freilich meistens sehr elend, spielen, um
dadurch berechtigt zu seyn, nach den Grundsätzen des Glaubens nicht zu leben; welche an
den ersten Wahrheiten, selbst der Vernunft-
Religion, zweifeln, um nie durch die Erinner-
ung derselben in der ungebundenen Lüsternheit
gestört zu werden; welche die Offenbarung her-
abwürdigen, um die schönen und großen Pflicht-
en, wozu sie auffordert und ermuntert, nicht

F   er-

erfüllen zu dürfen; welche sich große Geister
dünken, wenn sie entnervende Wollust zum
unaustilgbaren Menschenbedürfniß, Frechheit
zum geraden, offnen Karakter, schamlose Red-
en zur Gefälligkeit, und Unsittlichkeit jeder Art
zum feinen Weltton erheben — Kurz: Mensch-
en, welche sich recht aufgeklärt glauben, wenn
sie die guten Sitten vollends aufgegeben hab-
en. —

O! wenn ich die Farben zu hoch aufgetrag-
en hätte, wenn es keine, oder wenige solcher
Menschen gäbe; gewiß, dann wären die Staat-
en vor vielem Unheile, mancher vor seinem
Umsturze geborgen — Hielte man doch überall nur richtige Kenntniß und reine Liebe des
Wahren und Guten für Aufklärung, und diese
für eine Freundin der Sittlichkeit, welcher Gewinn für Religion und Menschheit! — g)

Aber

---

g) Eul. Schneiders Gedicht über Aufklärung
verdient wo nicht ganz, doch zum Theile hier
ein Plätzchen.

Wer

Aber sie ist auch eine wahre Menschenfreundin,
oder der Aufgeklärte liebt diejenigen, welche
er aufklären will.

F 2   Nicht-

Wer nennt mit Recht sich aufgeklärt?
Dies edler Freund! ist deine Frage.
   Ich denk, es sei der Mühe werth,
Daß ich sie dir zu lösen wage. . . . . . .

Der junge Star verlacht die Strenge
   Der Jansanistischen Moral
   Ihr Pfädlein dünkt ihm allzuschmal
Ihr Himmelsthürlein gar zu enge:
   Er lebet in den Tag hinein
Verpraßt sein Gut, und schlürft Vergnügen
So viel er kann, mit vollen Zügen,
   Und glaubet aufgeklärt zu sein:
Allein das ist zu viel begehrt,
Die Wollust macht nicht aufgeklärt. . . . .

Nur wer mit eignen Augen siehet
   Und just für seinen Stand gelehrt
   Und weis zu werden, sich bemühet
Der nennt mit Recht sich aufgeklärt.

Der

II.

' Richtige Kenntniß iſt die Tochter des ſtill-
en, ruhigen Denkens. — Leidenſchaft verträgt
ſich

Der Fürſt, der ſeine Pflichten kennet
' Die Unterthanen Brüder nennet
Die Menſchheit auch im Bettler ehrt
Durch Liebe herrſcht, iſt aufgeklärt.

Der Rath, der das Geſetz verſtehet,
Den graden Weeg des Rechtens gehet,
Der Argliſt und Gewaltthat wehrt,
Den nennt der Denker aufgeklärt.

Der Theolog, der Duldung lehrt
Und dürre Dogmen ſo behandelt,
Daß er ſie in Moral verwandelt
Der iſt und machet aufgeklärt.

Der Bürger, der nach ſeiner Weiſe
Das gute thut im engen Kreiſe
Geſetz, Vernunft, und Menſchheit ehrt
Ha! wäre der nicht aufgeklärt. —

Die Mutter, die in zarter Jugend
Gefühl für Wahrheit und für Tugend
In ihrem Kinde weckt und nährt
Die preiſ' ich laut als aufgeklärt.

Der

sich mit der Richtigkeit der Begriffe nicht. —
Wahre Einsichten haben nichts stürmendes,
liebloses an sich. Erhalten und genährt in
der Ruhe des Herzens, theilen sie sich auch
im Geiste der Liebe mit; der edle, rechtschaffene Mann, welcher etwas gutes, nüzliches
weiß, ruhet nicht ehe, als bis er es nach
Kräften recht allgemein gemacht hat; und steh-
en ihm Hindernisse entgegen, so räumt er sie
auf eine Art weg, die der wahren Aufklärung
würdig ist, welche sich nicht hart und grausam aufdringt, sondern als eine sanfte Freundin dem schwächern Bruder die Hand reicht.

F 3 Der

Der Landmann, der mit seinem Stande
Vergnügt ist, und im Vaterlande
  Ein nützlich Glied zu sein begehrt,
  Ist nicht gelehrt, doch aufgeklärt.

Ein Mädchen suchet in den Pflichten
Der Gattin sich zu unterrichten;
  Wohl dem, der sie zur Frau begehrt,
  Sein künftig Weib ist aufgeklärt.

Der Geist der Liebe ist der große Karakter des Kristenthums, also muß die kristliche Aufklärung von diesem Geiste geleitet
werden. Paulus war durchaus der Mann
einer freien Denkungsart, in Rücksicht auf
die vielen Vorurtheile seiner Nation und seiner Mitkristen; er war ganz eingedrungen in
den Geist der Lehre Jesu; seine Kenntniß war
rein und richtig, und doch war er es, welcher
mit so viel Wärme und Stärke sagte: Dem
Schwachen im Glauben begegnet liebevoll, und werfet euch nicht zu seinen
Gewissenerichtern auf. — Der eine ißt
mit voller Ueberzeugung von allen Speis-
en, der andere aus Bedenklichkeit nur
Gemüse, jener verachte diesen nicht. —
Wer bist du denn, daß du dich erfrech-
est, einen fremden Knecht zu richten, er
steht oder fällt ja nur seinem Herrn, er
wird aber aufrecht stehen, weil Gott
mächtig ist, ihn zu halten. — Warum ver-
achtest du also deinen Bruder? *) Ein-
greif-

*) Röm. 14, 1 — 10.

greifend ift es, wenn biefer groſſe Apoftel
ſagt: Der Stärkere trage alſo die Schwachheiten des minder Einſichtigen mit Geduld, und ſeye nicht ſtolz auf eine freiere Denkungsart. *) Sehet zu, daß ihr
mit eurer Freibeit Schwache nicht ärgert.**)
Soll denn dein ſchwacher Bruder um deiner richtigern Einſicht willen verlohren geh-
en, für deſſen Rettung doch Kriſtus ge-
ſtorben iſt? ***) Dies iſt die Sprache der
wahren Auffldrung, dies die Sprache der all-
umfaſſenden Liebe; Paulus Geisteskräfte konnten ſich in den engen Denkungskreis der da-
maligen Juden- und Heidenkriſten durchaus
nicht einſchränken; zu geiſtlos, zu ſchwach und
unwürdig waren die Begriffe ſeiner Zeitgenoſſ-
en von der Kriſtusreligion — Und doch nicht
Stolz, nicht Eigendünkel, keine Verachtung
frember, ſchwächerer, ſondern lebhaftes, und

F 4 · · · · · · · · · · · · · · · de-

*) Röm. 15, 1.
**) 1 Kor. 8, 9.
***) 1 Kor. 8, 11.

demüthiges Gefühl eigener, hellerer Einsichten,
und redliche Anwendung derselben zur Aufklärung anderer; freilich muß man eben so aufgeklärt, wie Paulus über Religion denken,
und das Wesen derselben, so wie er kennen,
um mit solcher Schonung den schwächern Mitbruder zu behandeln.

Diesem großen Paulus gegenüber, wie
klein steht mancher Aufklärer unserer Zeit da;
mit der Miene der Selbstzufriedenheit, der
Allgenügsamkeit nennt er den schwächeren Mitkristen einen Schwärmer, einen Dümmling,
weil er mit vielleicht zu übertriebener Aengst-
lichkeit sein Heil zu wirken sucht, einen Schwach-
kopf, weil ihm die Bibel zu heilig ist, um
sich die Achtung für dieselbe geradezu wegspott-
en zu lassen, einen blödsüchtigen Frömmler,
weil er mit Gewissenhaftigkeit, und wirklich
überspannter Bedenklichkeit an Dingen hängt,
welche zum Wesen der Religion eben nicht gehören.

Der schwächere Mitbruder irrt mit red-
lichem Gewissen, in der besten Absicht (ich
kenne

kenne nichts Ehrwürdigers, als eine gute
Absicht) und der sich aufgeklärt Dünkende
fährt über dieses redliche Gewissen, über diese
gute Absicht mit seinem bitteren Witze her —
Ich kenne nichts leichteres, aber auch
nichts elenderes, als das Spiel des blossen Witzes; eine Wahrheit, welche man in
unsern Zeiten nicht oft genug sagen kann, in
welchen Witz sehr oft mehr gilt, als richtiges Denken, da es doch so wenig braucht,
um ein witziger, und weit mehr, um
ein wirklich verständiger Mensch zu seyn.

Der wahrhaft Aufgeklärte hebt Vorurtheile, vorzüglich gemeinschädliche, aber er
beleidigt nie, er reißt nicht stürmend nieder;
und muß ja ein altes Gebäude einstürzen, so
bauet er liebevoll ein anders hin — Er schont
das Vorurtheil seines schwächern Bruders,
weil er weiß, daß es ihm in dieser Lage, bei
diesem Grade der Bildung, bei diesen Vorbegriffen unmöglich seye, dasselbe auf das Wort
eines anderen aufzugeben; weil er weiß, daß
Vorurtheile die Stelle der Wahrheit vertreten,

F 5 und

und die Lücken des menschlichen Wissens ausfüllen. — Der wahrhaft Aufgeklärte legt mit
Behutsamkeit, und Klugheit die Vordersätze
hin, damit es dem schwächern Mitbruder leicht
werde, die Schlußfolge sich selbst zu ziehen; er
geht mit ihm den Stufengang, sucht sich durch
Nachsicht und Schonung seines Zutrauens immer würdiger zu machen, und so gewinnt er den
schwächeren Mitkristen nach und nach für Wahrheit und hellere Einsicht, den er durch ein
liebloses Betragen vielleicht auf immer davon
entfernet hätte.

Ja, meine Freunde! nur Duldung, Schonung, Menschenliebe, können das Geschäft
der wahren Aufklärung befördern, und wer
es ohne diesen Geist unternimmt, liefert den
deutlichsten Beweiß, wie sehr es ihm an Mensch-
enkenntniß fehle — Spott thut wehe, aber er
belehret, er bessert nicht; wer nicht im Stande
ist, die schwächere Einsicht eines Mitbruders
zu dulden, seine Vorurtheile zu schonen, so
lange ihm die nöthige Vorkenntniß mangelt,
um sie vollends abzulegen, der wage sich ja
nicht

nicht an fremde Aufklärung; er läuft immer
Gefahr mehr zu schaden, als zu nützen. —
Der Gang des Jünglings ist rasch und vor-
schnell, bedächtlich und gelassen der Schritt des
Mannes; jener überspringt kühn manches Hind-
erniß, dieser weichet behutsam aus; jener fällt
oft, dieser strauchelt selten — So verhält sich
der ungestümme Aufklärer, dem der Geist der
Liebe fremde ist, zu dem Mann, welcher gerne
trägt und duldet, um so desto sicherer zu be-
lehren und zu bessern. Dies war die Schonung
des großen Meisters Jesus: Ich hätte euch
noch viel zu sagen, aber dermalen könnt
ihr es nicht fassen. So sprach er, als er
seine Schüler stufenweis zur helleren Einsicht
leitete. — Noch voll jüdischer Vorurtheile
waren sie, und hochgespannt ihre Erwartung-
en des irdischen Messias-Reiches; nicht un-
sanft nahm er ihnen jene, weder schlug er
diese mit einem male nieder — hin wieß er
sie auf ein kleines Kind: Wenn ihr nicht so
werdet, nicht so geraden, unbefangenen Sinnes, nicht so gelehrig, empfänglich für Wahrheit,

heit, wie dieses Kind, so könnt ihr meiner Lehre
nicht glaubig urbangen, ins Himmelreich nicht
eingehen. — Dies war der liebevolle, aber auch
der treffende Beweis, den er ihnen gab. h)
Viel

---

h) Der Menschenfreund ist vor Feh'tritten und Vergehungen gesichert, weil gleichsam die Fackel der
Menschenliebe alle seine Tritte erhellet. Man
bedenke nur, woher die gewöhnlichen menschlich-
en Verirrungen — Stolz, Zanksucht, Rechthab-
erei, Neid, Verläumdung, Rache, Hartherzig-
keit, Verfolgung, Betrügerei, schlechte Kinder-
zucht, Verschwendung, Unzucht und tausend andere Fehltritte kommen, mit welchen die Mensch-
en sich und andere plagen. — Nur vom Mangel
der Menschenliebe, weil man sich nicht bestrebt,
ein nützlicher, wohlthätiger, friedlicher, fleißiger,
zufriedener Menschenfreund zu werden. Wer hingegen durch die Liebe — Religion Jesu zur Menschenliebe gebildet ist, und sich's zum höchsten Zwecke
des Lebens gemacht hat, ein nützlicher und wohlthätiger Mensch zu sein, dem wird es unmöglich
werden, sich zu Lastern zu entschließen, die seine
Kräfte vernichten, und die Zufriedenheit seiner
Neben-

Viel zwar schrieb und sprach man in unseren Zeiten von Duldung unserer anders denkenden Brüder; aber hat man auch an dem minder einsichtigen, schwächeren Glaubensgenossen sie geübt? Es ist Menschen- und Kristenpflicht, den Anhänger einer fremden Religion zu lieben, ihn nicht zu richten, sondern das Urtheil über den miterlößten Bruder dem Erlöser Kristus zu überlassen — Aber verdienen denn die sehr oft unschädlichen Vorurtheile, die

---

Nebenmenschen rauben. Menschenliebe ist also das Mittel, uns vor Fehltritten und Vergehungen zu sichern. — Hingegen Menschenhaß verleitet den Menschen zu so manchen Fehltritten und Verirrungen. Denn wer wenig oder kein Gefühl für Menschenwohl und Menschenseeligkeit hat, ist fähig, andern zu schaden, kann sie verachten, verleumden, verfolgen, betrügen, in Gefahr bringen, leiden sehen, und kann durch eigene behagliche Ausschweifungen sich als Vater, Sohn, Gatte, Wohlthäter, Freund, Mitbürger vernichten, und aus seinem nutzbaren Wirkungskreise selbst herausreisen.

K. d. H.

die irrigen Religionsbegriffe des katholischen
Mitkristen, welche vielleicht Gewissenhaftigkeit
und redliche Absicht in Gottes Augen entschuld-
igen, die Duldung nicht, welcher, Dank seye
der wahren Aufklärung! sich unser protestant-
ischer Mitbruder in Oesterreichs Staaten zu er-
freuen hat? — O möchte ich es unauslösch-
lich in das Herz eines jeden schreiben, der
andere aufklären will, daß die wahre Aufklärung eine Menschenfreundin sei, damit er
diesen Grundsatz zum ersten seines Sistems er-
hebe, welchem, wäre es auch noch so glänz-
end, ohne den Geist der Liebe alles mangelt. Haben doch die harten, unduldsamen Aufklärer mit ihrem Feuereifer der guten Sache
bisher so viel geschadet, verrieth es doch ihr
leidenschaftlicher Ton, daß nicht Liebe der
schwächeren Mitbrüder sie dringe, dieselben zur
helleren Einsicht zu führen, war doch allenthalben die bloße Absicht zu glänzen, und als
Talente sich geltend zu machen, an ihnen so
unverkennbar — Wahrlich man könnte ihnen
sagen, was Kristus einstens zu seinen Jüng-
ern

ern ſagte, als ſie über die harten Samaritanen
Feuer vom Himmel rufen wollten: ihr wiſſet
nicht, weſſen Geiſtes Kinder ihr ſeyd. *)

S ch l u ß.

Sittlichkeit alſo, und chriſtliche Liebe gründ-
en die wahre Aufklärung. Wäre es mir ge-
lungen, recht würdige Begriffe von derſelben
aufzuſtellen, die falſchen zu verdrängen — ſeg-
nen würde ich dieſe Stunde im frohen Gefühle
genützet zu haben.

Vater im Himmel, dein Reich komme
zu uns, ſo lehrte uns dein Sohn Jeſus bet-
en, das Reich der Wahrheit und Tugend auszubreiten, dies war ſein Geſchäft auf Erden
— Gieb uns Kraft und Muth, nach dem Bei-
ſpiele unſers großen Meiſters, unverdroſſen an
der wahren Aufklärung zu arbeiten, reine, richtige Kenntniß von dir durch Lehre und That
recht allgemein zu machen, die ſchädlichen Vorurtheile allenthalben zu verfolgen, den un-
ſchädlichen mit Nachſicht und Schonung zu be-
gegnen,

---

*) Luc. 9, 55.

gegnen, durch untabelhaften Wandel in dem
Auge des schwächeren Mitkristen die hellere,
freiere Einsicht zu rechtfertigen — Gott, dann
werden der guten, verständigen Menschen auf
deiner Erde immer mehr werden — Vater im
Himmel, dein Reich komme zu uns. Amen.

Ueber den grossen Werth

eines

wahren Freundes.

Eine Sittenrede

über Luk. 1, 40.

Am Feste der Heimsuchung Mariä

gehalten

von einem Landpfarrer

zu seiner versammelten Landgemeinde.

1796.

———

Manuscript.

Freilich ist gegenwärtige Rede kein erhabenes Muster der Kanzelberedsamkeit, wohl aber des populären Vortrags an die gemeine Menschenklasse. Sie wird grade abgedruckt, wie sie vorgetragen wurde. Manche Lücke könnten wir wohl ausfüllen, aber denn wäre sie das nicht, was sie doch sein soll eine vorgetragene Rede. Reinheit der Sprache, geordnete Gedankenreihe ist an der Rede nicht zu verkennen. Möchte nur der Herr Verfasser uns mehrere seiner populären Pfarrpredigten mittheilen, mancher könnte von ihm lernen, sich herunterzustimmen, und zweckmäßig Gutes bei seiner Gemeinde zu stiften; denn auch nicht zu nieder darf die Sprache des Landredners sein, um nicht bei seinen etwas denkenden Zuhörern lächerlich zu werden.

A. d. H.

Text.

Maria kam in das Haus des Zacharias, und
grüßte Elisabeth. Luk. 1, 40.

Wir haben heute ein schönes Beispiel des
menschenfreundlichen Umganges und des freundschaftlichen Betragens vor uns, welches die
Geschichte des Evangeliums zur Betrachtung
darstellet. Maria die von Gott auserwählte
Mutter des kommenden Heilandes geht mit
dem göttlichen Worte gesegnet über die Gebirge
Juda, um ihre Verwandschaft zu besuchen,
ihrer Freundin Elisabeth, die sich mit ihr in
ähnlichen Umständen befand, Glück zu wünsch-
en, Theil an der Freude ihres Hauses zu nehm-
en, und derselben ihre freundschaftliche Dienste
zu leisten. Sie ging in das Haus des Zacharias,
und grüßte Elisabeth, freuete sich mit ihr über
die Gnade des Herrn.

G 2   Maria

Maria zeiget sich bei dieser Begebenheit
als eine so theilnehmende, liebevolle, edeldenkende Freundin: wie schön wäre es, wie
gut, wenn auch wir Menschen so recht in Ein-
tracht des Herzens miteinander lebten, in unsern Angelegenheiten durch aufrichtige Gefällig-
igkeit uns Rath und Hilfe schaffen, wenn treu-
herzige Liebe und Freundschaft uns im Um-
gange mit einander beseelte, und im frohen
Genuße der Annehmlichkeiten und mannichfalt-
igen Gaben dieses Lebens uns den Weg zur
Erreichung unserer Bestimmung zur Glückseligkeit erleichterte! Will doch unser weise und
gütige Vater im Himmel, daß wir schon hier
auf Erden vergnügt und glückselig sein sollen,
hat uns in dieser Absicht alle so genau mit
einander verbunden, alle unsere Angelegenheit-
en und Bedürfnisse, unsere angenehme und
widrige Schicksale so innig und unauflöslich
in einander geflochten, daß keiner des andern entbehren, keiner beinahe ohne Antheil des andern recht glücklich sein, jeder
aber dem andern durch Dienste des freund-

schaft-

schaftlichen Umganges auf tausendfache Art
nützen und das Leben versüßen kann! Nur
Schade, daß wir Menschen diesem deutlich-
en Winke, wodurch uns der Allgütige zur
gegenseitigen Freundschaft einladet, daß wir
diesem huldreichen väterlichen Rufe nicht folg-
en, und die guten Anlagen und Fähigkeiten,
die vielen Mittel und Gelegenheiten zur Glückseligkeit nicht so entwickeln und gebrauchen,
wie es den liebreichen Absichten unsers Schöpfers
gemäs ist! Ja, meine Lieben! wir verbittern
uns unsere wenige Tage oft selbst, sind oft
zu sorglos, andere uns zu Freunden zu mach-
en, wissen den Werth des freundschaftlichen
Umganges miteinander nicht genug zu schätzen,
vernachläßigen dieses Mittel, wodurch so viel
Gutes im menschlichen Leben bewirket und so
viel Böses gehindert werden könnte, oder
schwächen und trüben sie selbst diese Quelle
der Freude durch menschenfeindliche Leidenschaft-
en; und dann murren wir oft gegen die weis-
en und liebevollen Einrichtungen und Schick-
ungen Gottes, klagen über das traurige Loos

G 3   der

der Menschheit, wenn wir nicht frohe und
vergnügt, wenn wir unglücklich, und — unglücklich durch unsere eigene Schuld sind! Gott,
wie ungerecht und strafbar sind dann unsere
Klagen über Traurigkeit, Kummer und Elend,
das wir uns durch Thorheiten und Fehler meistens selbst schaffen!

Ja, meine Lieben! unter allen äußern Gütern
dieses Lebens ist gewiß keines, welches mehr
von uns Menschen vernachläßiget oder miß-
brauchet wird, und gewiß keines, das uns
mehr wahre Freunde, mehr reines Vergnügen,
und bei so manchen Vorfällen mehr Beruhig-
ung und Trost verschaffen könnte, als Freundschaft. a) Euch von dieser Wahrheit zu über-
zeug-

---

a) Nicht leicht hat irgend eine Verbindung unter
den Menschen größere Lobsprüche erhalten, und ist
so einstimmig von allen Völkern der Erde für
nöthig, und von allen Weisen und Tugendhaften
für das größte Glück des Lebens erklärt worden,
als die Freundschaft. Ihr hat man unter
den rohesten Völkern Opfer gebracht, welche Be-
wund-

zeugen; habe ich mir vorgenommen, heute
über den großen Werth eines wahren

G 4 Freund-

---

wunderung verdienen; ihr hat man zu allen Zeit-
en die heiligsten Rechte zugestanden; sie muß der
ehelichen Gesellschaft den dauerhaftesten Reiz,
und die süßesten Freuden schenken; sie hat überall
die besten Menschen miteinander vereinigt, und
dadurch die wohlthätigsten Veränderungen gestift-
et; sie hat zur Veredlung der menschlichen Natur
ungemein viel beigetragen, und jedes Herz gebeß-
ert, das fähig war, sie aufzunehmen; alle Relig-
ionen endlich haben sie in eben dem Grade be-
günstigt, und in Schutz genommen, in welchem
sie selbst rein, und dem Wohle des menschlichen
Geschlechtes förderlich waren. — Und dem Kristenthume gab man oft Schuld, daß es Freundschaften hindere, störe, oder doch gleichgültig betrachte. War nicht der Stifter unsrer heiligen
Religion selbst der zärtlichste Freund. Man denke
hier an Johannes den geliebten Jünger, an La-
zar, und dessen Schwestern rc. — Wie schön
im alten Bunde über Freundschaft geschrieben
wird, ist in der Folge noch zu ersehen.

A. d. H.

Freundes zu euch zu reden. Die Betrachtung
dieses Gegenstandes ist sowohl der Absicht des
heutigen Festes, als dem Inhalte des Evangeliums gemäs. Denn unsere Absicht ist ja
heute Maria die seligste Mutter unsers Herrn
zu verehren; wohlan! machet also diese Verehrung Gott wohlgefällig, machet sie euch
recht nützlich dadurch, daß ihr Maria in der
tugendhaften Freundschaft, wodurch sie sich
in der Begebenheit des heutigen Tages so ver-
ehrungs- und liebenswürdig auszeichnete, nach-
folget. Lernet in dieser Absicht

1. wie ein wahrer Freund beschaffen sein
   müsse,

2. wie viel ein solcher Freund im menschlichen Leben werth sei.

Die Untersuchung dieser beiden Fragen soll
die Abtheilung meiner Rede, und der Gegenstand eurer Erbauung und Aufmerksamkeit sein.

I.

Nicht alles, was man Freundschaft nennt,
verdienet diesen Namen. Manche Menschen
rühm-

rühmen sich oft, daß sie sehr viele Freunde
haben, sie zählen nämlich darunter alle diejenigen, die mit ihnen öftern Umgang, gemeinschaftliche Geschäfte und Vergnügungen pflegen,
oder von denen sie auch manche kleine Gefälligkeiten und Dienstleistungen erhalten. Aber
wie oft ist nicht entweder Langeweile und na-
türlicher Hang zur Geselligkeit der Grund solcher Zusammenkünfte, wie oft sind nicht solche
Gefälligkeiten ein eigennütziger Tausch gegeneinander? wie selten hat das Herz wahren
Antheil daran, und wie wenig gegenseitige
Offenheit und Vertraulichkeit findet dabei statt?
Daher ist es auch so gewönlich, daß die Mensch-
en bei solchen Freundschaften so wenig reines
Vergnügen kosten, ihre Erwartungen davon so
wenig erfüllet sehen, in ihrem Bestande so
wandelbar sind; ja daß die freundschaftlichen
Unterhaltungen ihnen gar oft zur Last werden.
Nein, solche vorübergehende Freundschaften
gewähren selten die schönen Früchte, die sie
anfangs versprechen; sie schlagen keine feste
Wurzeln, und gleichen den ersten Märzblum-

en,

er, die von einigen freundlichen Sonnenblick-
en geschwind hervorgelockt, aber bald von einem kältern Schneewinde wieder vernichtet werd-
en. Wahre Freundschaft besteht in Vereinigung tugendhafter Seelen, in aufrichtiger gegenseitiger Hochachtung und Liebe, in warmer
Theilnahme an allen Freuden und Leiden des
andern. b)

Ein

---

b) Obgleich die Freundschaft auf Tugend gebaut die
   erhabenste Art der Freundschaft ist, die auf wahre
   Vollkommenheit abzielet, und auf die Sittlichkeit der Menschen grosen Einflus haben kann, so
   giebt es dennoch noch zwo Arten von Freundschaft, die dauerhaft und nüzlich gepflogen werden
   kann, wovon die eine in den angenehmen,
   und die zweite in den nüzlichen Eigenschaften
   anderer Menschen liegen kann. Doch der Religionslehrer hat genug gethan, wenn er seine Zuhörer auf die beste Art der Freundschaft aufmerk-
   sam gemacht hat. — Wollen aber Kristen in eine
   freundschaftliche Verbindung tretten, so müssen sie
   sowohl auf eine genaue Wahl der Freunde,

als

Ein wahrer Freund muß also vor allem
rechtschaffen, muß ein Freund der Wahrheit
und Tugend fein: er darf keine Laster, nicht
die böse Gewohnheit an sich haben, durch heftige böse Neigungen sich in seinen Handlungen
leiten zu lassen. Denn es ist eine durch Erfahrung bestätigte Wahrheit, daß die Bande
der

als auf verschiedene äussere Verhältnisse
bedacht sein. Mitgefühl, Tugend und Aehn-
lichkeit des Karakters sind bei dem Auswähl-
en des Freundes wohl zu überlegen; — Vorurtheil, Vermögensumstände, Stand-
esgleichheit müssen unter zu wählenden Freund-
en nicht leichtsinnig übergangen werden, weil sie
eine reichliche Quelle von Uebeln nach sich ziehen
können. Hierüber verdienen nachgelesen zu werd-
en Danzers Moral 3ter Band (Salzb. 1793)
§. 316 von der Geselligkeit. — Handbuch der
Kristl. Moral von Gottfr. Leß (Göttingen 1787)
§. 257. — Zollikofers Predigten über die
Würde des Menschen (Leipz. 1786) 2ter B. S.
128 — Reinhard's System der Kristl Moral
(Wittenb. und Zerbst 1790) 2ter B, S 288. 2c.

A. d. H.

der Freundschaft durch Tugend, durch Freude
an allem, was wahr und gut ist, geknüpft
sein müßen, wenn sie fest und dauerhaft sein
sollen; und daß, wenn sie durch schlechte Absichten entstehen, sie jeder leichte Vorfall auf-
löset. Zuweilen findet man freilich, daß auch
böse und schlechtdenkende Menschen eine Art
von Freundschaft untereinander schließen, und
sich sehr genau miteinander vereinigen. Aber
wie elend ist nicht eine solche Freundschaft?
Böse Menschen haben bei solchen Verbindung-
en immer selbstsüchtige Absichten; diese ändern
sich, wie ihre wilde heftige Begierden und
Neigungen, von welchen sie getrieben werden;
und sobald diese ihre bösen Leidenschaften ins
Gedränge kommen, sobald einer des andern
zur Erreichung seiner Entwürfe, oder zur Be-
friedigung seiner sinnlichen Triebe nicht mehr
bedarf, so wird die Stimme der Freundschaft
nicht mehr gehöret, es entsteht Verachtung und
Trennung, ja oft die bitterste Feindschaft,
welche dann um so schrecklicher wird, weil
immer einer von dem andern viel schändlich-
es

es weiß, und jeder die Schande des andern aufzudecken suchet. Solche Verbindungen sind unter dem entheiligten Namen Freundschaft eine wahre Larve des Lasters, ein niederträchtiges Mittel, seine schlechten Absichten auszuführen; solche Bande sind Fallstricke der Verführung, und ihre gewöhnliche Folge Unheil, Kummer und Elend. Ein Mensch, der die Tugend anderer zu seinen leichtsinnigen oder lüderlichen Absichten herabzuwürdigen suchet, ein Mensch, bei dem die Leidenschaften über die Vernunft herrschen, dem die Pflichten der Religion, die Bande des gesellschaftlichen Lebens jeder Art nicht ehrwürdig und heilig sind; nein, der kann es nicht gut mit uns meinen, und ist unmöglich einer wahren Freundschaft fähig. Nur derjenige, dessen Herz vom hohen Gefühle der wahren Würde des Menschen, und von Liebe zur Wahrheit und Tugend durchdrungen ist, nur der kann unser wahrer Freund sein: nur reine Absichten und das gegenseitige Bestreben, sich tugendhafte gute Eigenschaften zu erwerben, und sie an andern zu schätz-

ſchätzen, nur dieſe können dauerhafte Freundſchaft gründen, können die Menſchen ſo miteinander vereinigen, daß ſie einander aufrichtig lieben, und gleichſam ein Herz und eine
Seele werden.

Dieſe innige herzliche Liebe iſt die zweite
gute Eigenſchaft eines wahren Freundes. Oft
wiſſen falſche Menſchen ſich ſo zu verſtellen:
durch freundliche Mienen, ſchmeichelnde Red-
en und zuvorkommende Gefälligkeiten ſo zu
täuſchen, daß ſie von gutmüthigen Menſchen
für redliche, allerliebſte Freunde gehalten werd-
en. Dann haben ſie aber, wenn ſie ſo hitzig
in ihrer Freundſchaft ſind, ſelten andere Ab-
ſichten, als Vortheile zu ziehen; und ſobald
ſie ſehen, daß der Erfolg ihrem Eigennutze
nicht entſpricht, oder daß ihre Freunde in Noth
gerathen: ſo ziehen ſie ſich gewöhnlich zurücke,
ſtellen ſich fremde und verlaſſen diejenigen mit
ſichtbarer Kälte, denen ſie zuvor ihre liebevollen Geſinnungen ſo ſüſſe geheuchelt hatten.
Nein, aufrichtige Liebe darf nicht ſo eigennütz-
ig ſein: und wer meine Freundſchaft nur des-
wegen

wegen suchet, um Vortheile zu gewinnen;
wer nur in soweit und solange mein Freund
ist, als er seine Rechnung dabei findet, der
misbraucht den Namen Freundschaft zum Deck-
mantel seines Eigennutzes oder seiner Falschheit. Derlei anscheinende Freundschaften glich-
en dem Aprilwetter, wo auf einen Augenblick
der Himmel aufs freundlichste lächelt, den aber
eine kleine Veränderung der Luft mit finstern
Wolfen bedecket. Ein wahrer Freund liebt
den andern, aber nicht wegen seinem Vermög-
en, Ansehen oder sonstig äußeren Vorzügen:
nein, er schätzt und liebt seinen Freund weg-
en seinem guten, tugendhaften Herzen, wegen
den guten Eigenschaften, die ihn zu einem
liebenswürdigen Menschen machen. Freunde,
deren Zuneigung auf so gegenseitige Hochachtung, auf so gleichmüthigen guten Gesinnung-
en sich gründet, bleiben sich treu in angenehm-
en und widrigen Schicksalen dieses Lebens.
Jeder freuet sich über das Gute des andern,
als wenn es ihn selbst beträfe; jeder nimmt an
dem Unglück des andern so warmen, herz-
lichen

lichen Antheil, als wenn es ihm selbst begegnet wäre: in der größten Gefahr, in der drück-
ensten Noth hält die wahre Freundschaft die
Probe; alles opfert da ein treuer Freund auf,
um den Zustand des andern so erträglich, als
möglich zu machen. Und wie schätzbar muß
uns nicht ein Freund, der so beschaffen ist,
wie viel muß er uns im menschlichen Leben
werth sein! — — Lasset uns noch hierüber
nachdenken.

2.

Ein treuer Freund ist gewiß eines der
schätzbarsten Güter dieser Welt, er ist, selbst
nach dem Ausspruch der h. Schrift *), ein
Trost des Lebens, ein Schatz, mit dem nichts
in Vergleich kommen kann. Und in Wahrheit,
ein Mensch der Reichthum, Ueberfluß und alles,
was immer nur das Glück ihm als seinem
Lieblinge zutheilen kann, besitzet, aber des
süssen Genusses der Freundschaft entbehren
muß, ist gewiß bei weitem nicht so vergnügt,

als

---

*) Sirach Kap. 6.

als derjenige, der das wenige was ihm zu
Theil wurde, mit heiterm frohem Sinne an der
Seite eines lieben Freundes genießt. Selbst die
lebhafteste, feurigste Liebe muß der edeln Freundschaft weichen, muß sich in Freundschaft verwandeln, wenn sie rein und dauerhaft sein,
wenn sie sich nicht selbst verzehren, und frühe
Sättigung und Ueberdruß nach sich ziehen soll.

Nichts kann uns den Mangel eines wahr-
en Freundes ersetzen. Wie wahr dieses sei, ur-
theilet selbsten, meine Lieben! — Wenn wir uns
recht vergnügt und glücklich fühlen wollen, so
kömmt gewiß vieles darauf an, daß unsere
Geschäfte und Verrichtungen recht gelingen:
dazu ist gehörige Ueberlegung und Nachdenken
vonnöthen. Wir mögen nun aber so klug sein,
als wir nur immer glauben; so finden wir doch
gar oft, daß wir bei all unserer Klugheit zuweilen straucheln und fehlen: folglich, daß wir
oft manche Mittel wählen, die zur Erreichung
unserer Absichten nicht dienlich sind, und daß
wir dann oft mismuthig und verdrossen werd-
en. Wie viel ist uns da bei solchen Umständen

H   ein-

ein verständiger treuer Freund werth, mit dem
wir uns so ganz traulich über unsere Angelegenheiten berathen, ihm unsere Gedanken und
Absichten offenherzig mittheilen können? Findet
doch jeder bei dem andern in hundert Fällen
Einsichten und Kräfte, die er bei sich nicht findet. Und wie viel kann da ein Freund dem
andern seine Geschäfte durch einen guten Rath
erleichtern, einer den andern zum Fortgange
ermuntern, durch seinen Zuruf und Beispiel
zum Fleiß erwecken und anfeuern. — Oft er-
schlafft der Eifer zum Guten, auch wenn wir
noch so sehr Tugend und Rechtschaffenheit lieb-
en, oft lassen wir uns von Begierden blenden,
gleiten dann vom Pfade der Tugend ab auf
Abwege, die uns am Ende in Elend und Ver-
derben führen können. Wie willkommen muß
uns da ein rechtschaffener Freund sein, der
uns brüderlich die Hand reichet, uns im Falle
wieder aufhilft, von dem Irrwege liebreich
zurücke führet, uns vor der Gefahr warnet,
an unsere Pflichten uns erinnert, und durch
liebreiche Zurechtweisung, durch freundlichen

Zu-

Zuruf, durch alles, was nur die freundschaftliche Liebe überredendes hat, uns zum muth-
igen Fortgange auf dem Weege unserer Bestimmung ermuntert und antreibt! Ja, glücklich, der so einen gutdenkenden Freund hat,
der ihm gegen jede unordentliche Neigung kämpf-
en hilft, und mit ihm Hand in Hand auf dem
Weege der Vollkommenheit fortwandelt: und
wohl dem, der die liebevolle Warnungen eines treuen Freundes dankbar befolget! —

Ein wahrer Freund nimmt ferner den
wärmsten Antheil an allen Freuden und Leib-
en des andern. Keine Freude, die ganz allein
in unserm Herzen bleibt, behält ihren süssen
Werth; aber jede Freude wird erhöhet, wird
doppelt genossen, wenn wir sie mit irgend einem Freunde theilen. Daher ist es so natür-
lich, daß, sobald uns etwas angenehmes begegnet, wir auch sogleich an unsern besten
Freund denken, und wünschen, ihm Nachricht
davon geben zu können: und wie unaussprech-
lich wohl befinden wir uns dann, wenn wir
dem Freunde unsers Herzens alles, was uns

Freude

Freude macht, erzählen, wenn wir verſichert
ſein können, daß er mit neidloſem Wohlge-
fallen den wärmſten Antheil daran nimmt? Die
Geſchichte der Heimſuchung Mariä zeuget dieſe
Wahrheit im helleſten Lichte. Sobald ſie wuſte,
daß ſie Mutter des Heilandes werden ſollte; eilte
ſie zu ihrer Freundin Eliſabeth, die ſich auch
in geſegneten Umſtänden befand, um ihr Nachricht davon zu ertheilen; und wie freueten ſich
dieſe liebevolle Seelen ſo innig, und vergröſ-
erten dadurch die Freude, die jede bisher für
ſich empfunden hatte. Mit welchem Entzücken
und frohem Gefühle ſtimmte dann die ſeeligſte
Jungfrau aus der Fülle ihres Herzens Gott
dem Urheber ihres Glückes jenen herrlichen Lob
und Dankgeſang: meine Seele verherrlichet
den Herrn, und mein Herz erfreuet ſich in
Gott meinem Heile! — —

Aber gleichwie der Himmel nie beſtändig
heiter uns zulächelt, ſondern oft und unver-
muthet ſich hinter finſtere Wolken verbirgt; ſo
ſind auch die Tage unſers Menſchenlebens nicht
immer freundlich, und werden uns durch tauſ-
end-

enderlei Vorfälle trübe, oft schrecklich verdunk-
elt. Jede, auch die geringste Unfälle können
uns dann drückend, können unerträglich werd-
en, wenn wir sie ganz allein tragen müßen,
oder wenn uns nicht der Gedanke des Allgegenwärtigen dabei unterstützet. Aber wenn ich
den Kummer meiner Seele in das Herz eines
treuen Freundes ausschütten, wenn ich alles,
was mich schmerzet und quälet, ihm, der es
so ganz fühlet, ohne Zurückhaltung anvertrau-
en kann, welche Erleichterung ist das für eine
leidende Seele? Und welche Aufopferung ist
ihm zu theuer dem wahren Freunde, die er
nicht unternimmt? Wenn alles uns im Un-
glücke verläßt, so bleibt er treu und fest, hilft
soviel er nur immer vermag, und jemehr er für
seinen leidenden Freund thun, wagen und auf-
opfern kann, desto seliger fühlt er sich im Genuße seiner Freundschaft. Und welche Wonne,
welche süße Belohnung, wenn er den Kummer seines Freundes heben, wenn er ihn erheit-
ert, gerettet in seine Arme schließen, und an
sein liebevolles Herz drücken kann! — Und wenn

H 3

er

er auch nicht ganz retten kann der treue Freund,
wie sanft weiß er die Wunde seines Freundes zu verbinden, mit welchem Lichte die Finst-
erniß, die seine Seele umwölkt, zu zerstreuen,
welchen Trost, Rath und Muth seinem ermatt-
eten Herzen einzuflößen! Und welche Beruhig-
ung, welche Stärkung verschaft es doch, wenn
man noch eine theilnehmende Seele an seiner
Seite hat, die uns den Last unsers Kummers
tragen hilft, die uns zeiget, daß noch ein
Mensch auf der Welt sei, der uns liebt und
dem unser Wohl am Herzen liegt! — c)
Schluß.

---

c) Schön ist das Bild, das der Herr Verfasser hier
vom Freunde entwirft, doch könnte unsers Erachtens noch mancher schöne Zug aus der Schilderung
des Menschenfreundes von Herrn Tittel ent-
lehnt dem Bilde größere Würde ertheilen. Wir
wollen sie ausziehen, denn jedem wird sie zum
Lesen willkommen sein. . . . Oefnung der Seele
— Erhebung zum grosen — Befassung des ganz-
en — Mittheilung — Ausgiesung — sind lauter
karakteristische Züge des Menschenfreundes. Wer
die

Schluß.

Faffet nun dieſes alles zuſammen, meineLieben!
bedenket, wie lehrreich und nützlich der Umgang

---

die Beſtimmung, die Würde, den Adel des Menſch-
en, menſchliche Pflichten, und menſchliche Rechte
in ihrem ganzen Umfange erkennet, und empfindet,
wer es mit Innigkeit und Stärke und Feſtigkeit
denken kann, daß die ganze zahlloſe Menge aller
vernünftiger Erdenbewohner nur ein Geſchlecht:
daß ein Stoff, — ein Blut, — ein Schöpferwille,
einerlei geiſtiges, himmliſches, Gott ähnliches
Weſen, ſie alle zu einerlei Zweck vereinigen, —
daß Glückſeeligkeit ihr groſes gemeinſchaftliches
Ziel — eine Wirkung ihrer verbundenen, feſt zu-
ſammenhaltenden Kräfte — nur in Gemeinſchaft
von allen ſich völlig genieſſen laſſe. Weſſen Geiſt
ganz in dieſes Menſchheitsgefühl eingewebt, ſich
gegen alle Zerreiſung der natürlichen Bande, welche
Menſchen mit Menſchen zuſammenhalten — em-
pört; die Sache der Menſchheit zu der ſeinigen,
ihre Angelegenheiten, und Gerechtſame zu den
ſeinigen macht. Wen jede Entſtellung, Ver-
kleinerung, Herabwürdigung der menſchlichen Na-

mit einem rechtſchaffenen Freund ſei; wie er
uns in angenehmen und widrigen Zufällen
zum

---

tur, jede Schmälerung und Kränkung ihrer Rechte
— jeder Anblick leidender, beſchwerter, gequälter,
unter dem Joche ſeufzender, ihm gleicher Weſen
— mit Kummer und Wehmuth und Schauer erfüllet. Weſſen Herz den Wonnegefühlen ſich öfnet, welche aus gemeiner Glückſeeligkeit hinein-
ſtrömen. Wer Wohlfart und Freuden aller Menſch-
en theilt. Wer Stärke genug, und Seele beſitzt,
über den Punkt ſeiner körperlichen Exiſtenz — den
kleinen Bezirk eines einzelnen Orts und die zu
eng geſchloſſenen Zirkel einiger Verwandten, oder
Freunde — hinweg, in jene ganze — unausmeß-
bare, vom Aufgange der Sonne bis zum Nieder-
gange bewohnte Welte ſich hineinzudenken — ein
ganzes Menſchenvolk als Verwandte und Brüder
mit Wohlwollen, und zärtlicher Zuneigung zu
umfaſſen — und Bruderblut, und Bruderherz mit
jedem, und mit allen zu theilen, — und kein fremd-
es Weſen unter allen menſchlichen Weſen zu find-
en. Wem keine menſchliche Verbeſſerung oder
Abartung gleichgültig iſt — alle Scenen, alle Re-
volu-

zum Vergnügen und Troste gereicht, welche
süße und angenehme Erholungen derselbe uns
nach

---

voluzionen der ganzen bevölkerten Erde interessant;
wem die Ausbreitung der Wahrheit, die Verherr=
lichung der Tugend, die Festhaltung ihrer Rechte,
die Behauptung der Freiheit — wem erkanntes
und belohntes Verdienst, blühende Künste, wachs=
ende Geschäftigkeit, allgemein ruhiger, ungestört=
er Genuß aller Güter, und unschuldiger Freuden
dieses Lebens — das Glück der Welt — wem
dies alles so viel würdige Gegenstände der zufried=
ensten Aufmerksamkeit sind. Wem es heilige
Pflicht ist, die ganze Summe seiner Kräfte, als
einen freiwilligen Tribut der Menschheit, zum
Wohle des ganzen zu steuern, unverdrossen, und
unermüdet gutes zu wirken: von Undank der Leicht=
sinnigen, von Neid der Boshaften unangefochten
— uneingenommen vom schändlichen Eigennutze,
und niedriger Vortheilsucht — so viel, so weit
gutes zu wirken, als er wirken kann. — Der
ists — der grose und ehrwürdige, der edelste
— eigentlich zu sagen — einzigedle, sich über
alles erhebende, Gott nähernde Karakter, des
ists — der Menschenfreund.
Littels Moral S. 161.

nach vollbrachter Arbeit verschaffe, und wie
viele andere Vortheile noch mit diesem Glücke
verbunden sind; und dann saget selbst, ob
irgend ein anderes äußeres Glück in dieser Absicht mit dem Werthe eines treuherzigen Freundes kann verglichen werden? — Wünschet ihr
nun aufrichtig, dieses Glück der Freundschaft
zu genießen — so öfnet euer Herz den Lehren,
die ich euch nun zum Schlusse ertheile.

Nur da, wo verständige, gute Menschen
bei einander leben, nur da wohnen Ruhe,
Zufriedenheit, Freude und Glückseeligkeit: nur
durch Weisheit und Tugend könnet ihr euch
also dieses Glückes fähig machen. Ihr Ehe-
leute vorzüglich, merket euch dieses! Ihr solltet durch die innigste Liebe und Freundschaft mit
einander verbunden sein, solltet ganz für einander leben, und in eurer gegenseitigen genauen
Vereinigung eure Ehre und Glückseeligkeit such-
en, nichts sollte euer Herz von einander entfernen. Aber nur gar zu oft wird eure Wohn-
ung durch ungestümme Leidenschaften eine Wohn-
ung des Grames, des unzähligen Streites,

der

der boshaftesten Quälsucht, und ein wahres
Vorspiel der Hölle. Betraget euch daher als
vernünftige Menschen, als rechtschaffene Krist-
en; denket: jeder hat seine Schwachheiten und
Fehler, jeder begeht zuweilen Uebereilungen,
die ihr mit gegenseitiger Nachsicht ertragen, und
mit Klugheit und Sanftmuth verbessern müss-
et. Kaltsinn und Unverträglichkeit, Recht-
haberei und Streitsucht sind der Tod der ehelichen Freundschaft, und mit dieser gehen Zufriedenheit und Glück zu Grabe. Suche also
jeder Theil mit herzlichem Wohlwollen dem
Verlangen des andern zuvorzukommen, sich
nach den Absichten des andern zu richten; streit-
et nie miteinander über Meinungen und Sach-
en, die nicht schädlich sind, und gebet durch
euer gutes Betragen, welches so mächtig auf
die zarten Gemüther eurer Kinder wirket, denselben ein schönes Beispiel von Liebe und Ver-
träglichkeit miteinander. — Und wer sollte herz-
lichere Freunde miteinander sein, als ihr Ge-
schwister und jene, welche das Band der Blut-
verwandschaft so nahe verbunden? wer sollte

J   sich

sich mehr lieben, als jene, die unter Einem Herzen gelegen, von einem Brode genährt, und gemeinschaftliche Erziehung genossen? Herzliche Liebe sollte das Band eurer Freundschaft so befestigen, daß es kein Zufall zerreissen könnte. Wie oft geschieht es aber, daß dieses, was euch am meisten verbinden sollte, gerade die Ursache wird, warum ihr euch anfeindet und hasset. Die vielen Vorfälle, wo es um das Mein und Dein zu thun ist, geben meistens die Veranlassung, daß in Familien die unversöhnlichsten Feindschaften entstehen. Suchet daher die menschenfeindlichen Leidenschaften, Eigennutz, Geiz, Neid und Mistrauen aus euerm Herzen zu entfernen, und seid das, wozu euch schon der Name auffordert, wahre liebevolle Freunde gegeneinander. Und ihr alle meine Lieben! bestrebet euch gute Menschen zu sein, zeiget euch stets aufrichtig ohne Falschheit und Trug, seid gewissenhaft in Erfüllung eurer Versprechen, seid gefällig gegeneinander! mit einem Worte erfüllet jenes alles umfassende Gebot Jesu:

alles,

alles, was ihr wünschet, daß euch andere
thun sollen, das thut auch ihnen, dadurch
werdet ihr euch die Achtung und Liebe eurer
Mitmenschen erwerben, und unter andern Be-
lohnungen wird euch auch diese zu theil werd-
en, daß ihr einen treuen Freund findet, an
dessen Hand ihr den oft mühesamen Weeg dieses Lebens zufrieden fortwandeln, euch manches erleichtern, eures Lebens frohe genießen
könnet. Ja dieser Entschluß sei heute die Frucht
unserer Verehrung gegen die seeligste Jungfrau.
Und du göttlicher liebevoller Heiland stärke
diesen Vorsatz, erwärme unsere Herzen, daß
wir deinen Lehren, die wir als deine Schüler
bekennen, getreu folgen, deinem erhabenen,
und dem schönen Beispiele deiner lieben Mutter
als wahre Freunde immer näher kommen, und
mit vereinigten Herzen zum Ziele unseres Daseins, zur Glückseeligkeit gelangen.

Fort-

Fortſetzung

der im erſten Bändchen angefangenen litterärtſchen Bemerkungen über einige katholiſche und proteſtant-
iſche Reden.

VI. Feſt - und Caſſual-Predigten von H.
C. A. Hänlein; drittem ordentlichem
Lehrer der Theologie, erſtem Prediger
der academiſchen Gemeinde, und des ho-
miletiſchen Seminars Direktor auf der
königl. preuſſiſchen Friedrich - Alexand-
ers Univerſität. Erlangen bei J. J. Palm
1792. Die dogmatiſchen Wahrheiten werd-
en hier, wie ſichs von einem Hänlein erwarten läßt, ſehr ſchön, lichtvoll, und
praktiſch behandelt, und in dieſer Rückſicht
ſind dieſe Vorträge herrliche Muſter für
Prediger, wie ſie dergleichen dogmatiſche
Gegenſtände mit Nutzen behandeln ſollen.
Der Verfaſſer verräth hier inniges Ver-
trautſein mit dem Geiſte Jeſu, und ſeiner
Lehre, mit dem Geiſte der Religionsſchrift-
en des A. beſonders des N. B. Nebſtdem
zeich-

zeichnen sich diese musterhaften Reden durch
Reichthum und Wichtigkeit der Gedanken,
durch Würde und Wärme des Vortrages
sehr zu ihrem Vortheile aus, und gewähr-
en sicher jeder gebildeten Menschenklaße, für
die sie bestimmt sind, eine angenehme und
lehrreiche Lektüre. Innhalt. 1) Ueber die
hohe Würde der Menschen-Natur am Weih-
nachtsfeste. 2) Wie ist durch die Sendung
J. C. die Würde der Menschen-Natur erhöhet worden. Am zweiten Weihnachtstage.
3) Ueber weisen und frohen Lebensgenuß.
Am Neujahrstage. 4) Jesus Christus ist
auch im Leiden, und Tode Anfänger und
Vollender unsers Glaubens; Am Charfreitage. 5) Ueber die Zweckmäßigkeit und Wohlthätigkeit des Eingangs J. Christi in seine
Herrlichkeit. Am Himmelfahrtstage. 7)
Welche sind die vorzüglichsten Kristlichen
Geistesgaben, nach denen wir streben sollen.
Am Pfingstfeste. 8) Entschliesungen, und
frohe Aussichten eines Christlichen Lehrers
bei dem Antritte seines Amtes. Beim An-
J 3   tritte

tritte des academischen Pastorats zu Erlang-
en. 9) Das Abendmahl J. C. ist für uns
der rührendste Beweis seiner bis ans Ende
daurenden Liebe und Wohlthätigkeit. Am
Kommuniontage. 10) Zwei Hauptwahr-
heiten, durch deren Kenntnis und Uebung
jeder Verehrer Gottes, und Kristi sich auszeichnen soll. Eine Homilie am Tage vor
der Kommunion. 11) Ueber den wohlthätigen Einfluß der Lehre J. C. von Gott,
dem Vater, Sohn, und heil. Geiste. Am
Trinitatisfeste. 12) Ueber den wohlthätigen, und tugendfördernden Innhalt der
Lehre J. C. von Gott dem Vater, Sohn
und heil. Geiste. Am Sonntage nach Trinitatis. 13) Ueber den wohlthätigen Innhalt ꝛc. (Fortsetzung der vorigen.) Am zweit-
en Sonntage nach Trinitatis. 14) Zwei Vorurtheile, welche unserer geistigen Verehrung
Gottes im Weege stehen. Am Trinitatisfeste.
15) Ueber die vorzüglichsten Hindernisse einer
gesegneten Feier Kristlicher Bustage. Am
Bustage.

VII.

VII. Sechs Predigten zur Beförderung
Christlicher Religionskenntnis. (Mem-
mingen 1788. bei A. Seyler.) — Diese Predigten haben ebenfalls Herrn Hänlein zum
Verfasser, sind zwar an innerem Gehalte
den angezeigten Fest- und Cassual-Pred-
igten desselben nicht ganz gleich; dennoch
sind die hier vorgetragenen Wahrheiten sehr
wohl durchdacht, und nach ihrem ganzen
Interesse für Verstand und Herz bearbeitet.
Innhalt. 1) Ueber die Vortheile die die
Kristliche Tugend schon in diesem jetzigen
Leben gewährt. 2) Die Wichtigkeit einzel-
ner Umstände in der Leidensgeschichte Jesu.
3) Ueber die Vortheile der Unwissenheit des
Zukünftigen. 4) Ueber den Nutzen der Tod-
esbetrachtung. 5) Richtige Begriffe von
der jetzigen Beschaffenheit unsers Körpers,
und von den Regeln unsers Verhaltens
gegen denselben. 6) Ueber die Christliche
Zufriedenheit.

J 4 VIII.

VIII. Ueber Menschenleben, Christenthum, und Umgang. Eine Sammlung Predigten aufs ganze Jahr für gebildetere Leser von K. G. Sonntag, Oberpastor an der Kronskirche in Riga 1ten Bandes 1ter Theil. Riga 1794 bei J. F Hartknoch. — Herr Sonntag ist in der Litterärischen Welt durch verschiedene Schriften als ein Mann von gründlicher Gelehrsamkeit, und geläutertem Geschmacke bekannt. Diese gegenwärtigen Reden tragen auch nicht wenig zur Erhöhung seines Schriftstellerruhms bei. In Rucksicht der treffend gewählten Gegenstände, der gründlichen, und lehrreichen Behandlung, der edeln körnigten, gebildeten Sprache verdienen sie als Muster angeprießen zu werden. Vorzüglich schön sind die beiden Homilien über die Enthauptung Johannis des Täufers. — Der Herr Verfasser wird nach und nach einen ganzen Jahrgang von Predigten in vier Theilen herausgeben. Mit Sehnsucht erwarten wir die Fortsetzung.

Inn-

J 5   fahr-

fahren zuvieler irdischer Sorge für unsere
Tugend. Am Sonntage Sexagesimä. 12)
Ueber die Leiden Jesu von seinen Freunden,
mit Anwendung auf uns. Am Sonntage
Estomihi. 13) Betrachtungen über die Wund-
er Jesu. Am Sonntage Invocavit. — Gebet nach gemeinschaftlicher Familienandacht.

IX. G. A. Dietels Homilien über die
Sonntäglichen Evangelien. Eine Er-
bauungsschrift für Leser von Geschmacke.
München 1789 bei J. B. Strobl. Die besten
Homilien, die wir von Katholiken besitzen.
Der Verfasser zeigt sich hier als einen aufgeklärten würdigen Seelsorger. Mit Nach-
drucke, und Wärme eifert er gegen blofes
Cerimonienwerk, gegen die Mißgeburten der
Werkheiligkeit, überall dringt er auf reines thätiges Kristenthum. Mit Nachbrucke
empfiehlt er Duldung und Nachsicht gegen
andersdenkende. Der Sinn der Evangelien
ist meistens richtig erklärt, nur an einigen
Stellen sind wir mit der Exegese des Ver-
fassers

faſſers unzufrieden. Die aus den Evangelien hergeleiteten moraliſchen Anordnungen,
Bemerkungen und Lehren ſind praktiſch, in
jedem Betrachte vortrefflich. Von den moraliſchen Vorſchriften, werden immer die
würdigſten, reinſten Begriffe aufgeſtellt. Die
dogmatiſchen Vorſtellungen ſind rein von
Spitzfindigkeiten, und Schulſyſtemen. Dieſe
Schrift athmet durchaus den Geiſt der rein-
en Lehre Jeſu ꝛc.

X. Deſſelben Predigten an ſeine Pfarr-
gemeinde. (2te Aufl. München bei Joh.
Baptiſt Strobl 1791.) Der nemliche Geiſt
der ächten geläuterten Lehre Jeſu weht in
dieſen Predigten, wie in deſſelben Homilien.
Sie ſind dabei kurz, deutlich, praktiſch.
Auch iſt Herr Dietl kein übertriebener Lobredner der Heiligen, er hebt nur ſolche Züge
und Handlungen aus ihrer Lebensgeſchichte
heraus, die in der That Nachahmung verdienen. Vorzüglich ſchön iſt die Predigt am
Geburtsfeſte Mariens, worinn er mit näm-
licher

licher Freimüthigkeit den Mängeln und Miß-
bräuchen in Verehrung der Mutter Jesu
entgegen arbeitet. — Innhalt. 1) Die
Pflichten eines Seelsorgers, und die der
Pfarrkinder. Am Feste der Himmelfahrt Jesu. — 2) Untersuchung der Frage: Haben
wir den Geist Gottes. Am heil. Pfingstfeste.
— 3) Gott ist ein Geist; man muß ihn also
im Geiste, und in der Wahrheit anbethen.
Am Feste der h. Dreieinigkeit. — 4) Ueber
die Verehrung des h. Benno. Am Feste desselben. — 5) Vom Neide. Am Festtage des
h. Johannes des Täufers. — 6) Warum
soll uns das Andenken der hh. Apostel Petrus und Paulus heilig sein. An derselben
Festtag. — 7) Warum schickt uns der Herr
Leiden und Drangsalen zu. Am Feste des
h. Apostels Jakob. — 8) Maria ein Vor-
bild euers Verhaltens, und Muster der
Nachahmung. Auf Mariä Himmelfahrt. —
9) Ueber die Verehrung Mariens. Am Feste
der Geburt. — 10) Ueber die kristliche De-
muth. Am Geburtsfeste Mariens. — 11)
Warum

XI.

XI. Faſtenpredigten von Michael Feder Doct.
der Theol. und Prof. zu Wirzburg 1ter Th.
die Feinde Jeſus, nebſt einem Anhange (Weimar 1795.) 2ter Th. die Freunde Jeſus nebſt
einem Anhange: (Weimar 1796.)

Alljährlich wird die Zahl der Paſſionspredigten
vermehrt, ohne daß man oft etwas neues, an-
wendbares, und nützliches darin findet. Der
zweckmäſigen Faſtenprepigten Zahl iſt bei uns
Katholiken noch nicht zu groß, daß nicht ein
denkender Prediger es wagen ſollte, mit einem
ſolchen Geſchenke das Publikum zu beehren. Hr
Feder beſeelt mit wahrem kriſtlichem Eifer für
das Beſte ſeiner Zuhörer und anderer gutdenkenden Kriſten zu arbeiten, beſchenkt uns hier
mit zwei Faſtenkurſen, denen wir unſern ganz-
en Beifall geben müſſen. Kürze, Gründlichkeit,
und Zeitumſtände machen weſentliche Beſtand-
theile dieſer Predigten aus. Im erſten Theile
behandelt er die Feinde Jeſu. Dieſe ſind 1) die
jüdiſchen Prieſter. 2) Judas. 3) Herodes. 4)
Das jüdiſche Volk. 5) Pilatus. Als Anhang
ſind zwei Predigten auf Maria. Die erſte auf

Rein-

Reinigung; die zweite auf Verkündigung Mariens. — Unter die Freunde Jesu zählt er im 2ten Bande. 1) Petrus. 2) Johannes. 3) Der Mörder am Kreuße. 4) Joseph und Nicodemus. 5) Die gottseligen Frauen. — Als Anhang sind abermals 1) auf Reinigung 2) auf Verkündigung Mariens Predigten angebracht.

XII. Auswahl moralischer Predigten für denkende Leser von Joh. Konr. W. Petiscus reform. Prediger in Brandenburg.

Mit einer Vorrede über die Bedürfnisse in Rücksicht auf das Predigtwesen. Berlin bei Aug. Mylius 1794.

Mit Hindeutung auf die kritische Philosophie behandelt Herr Petiscus, nach dem er eine für unsere Zeiten passende Vorrede von dem Predigerstande und ihre Einwirkung auf andere Stände mit richtigem Maßstabe vorausgeschickt hat, seine auserlesene Gegenstände für denkende Leser und Prediger. Freilich, da der Verfasser nur denkende Leser voraussetzt kann man nichts anders erwarten, als daß die Sprache er-

erhaben und blühend; die Gegenstände wichtig; die Ausführung nicht gemein sein kann. Der Periodenbau scheinet uns hie und da zu lang, und manche Sätze zu weitschweifig und dunkel. Auch vermissen wir ungerne an diesen Reden zu wenig Hindeuten auf die Bibel, die doch unsers Erachtens durch kristliche Vorträge in ihrem heiligen Ansehen in ihrer beweisenden Kraft muß erhalten werden. Innhalt. 1) Das Leben des Menschen ist kurz und voll Mühe. Nach Pf. 90, 10. — 2) Ueber die falsche Eigenliebe, nach Röm. 12, 3. — 3) Von der Barmherzigkeit, nach Matth. 5, 7. — 4) Ueber den Kleinmuth, nach Matth. 7, 12. — Ueber die gemeine Verpflichtung zur Wohlthätigkeit, nach Jak. 4, 17. — Ueber die Hindernisse der Wohlthätigkeit, nach Gal. 6, 9. — 8) Ueber den Streit fleischlicher Lüste gegen die Seele, nach 1 Petr. 2, 11. — 9) Von den Mitteln, sich fleischlicher Lüste zu enthalten, nach 1 Petr. 2, 11. welche zwei Predigten besondere Aufmerksamkeit verdienen. — 10) Ueber die Wirksamkeit des Beispiels, nach Joh. 13, 15. — 11) Der Mensch ein Fremdling auf Erden, nach Pf. 119, 19. — 12) Ueber die Unzufriedenheit mit seinem Schicksale, nach Matth. 20, 10. — 13) Von der bürgerlichen Freiheit, nach Gal. 5, 13 . 15. — 14) Ueber Gleichheit und Ungleichheit der Menschen, nach Röm. 12, 4 . 6. — 15) Von der Wachsamkeit, nach Matth. 26, 41. —